子どもに文化を
教師にあこがれと自由を

越野和之

全障研出版部

カバーデザイン／イラスト　ちばかおり

はじめに

２０１８年度の1年間、全国障害問題研究会の機関誌『みんなのねがい』に連載の機会をいただきました。本書は、その内容に加筆修正をし、関連する文章をあわせて収録したものです。

連載の依頼を受けたのは前年の夏、第51回の全障研全国大会を目前に控えた鹿児島市でのことでした。当時同誌の副編集長だった塚田直也さん（現・編集長）から、台風の迫る鹿児島の会議室で、連載企画の趣旨や期待される内容について伺いました。それからほどなくして『みんなのねがい』編集部での討論に基づいた連載企画についてのメモもいただきました。

障害児教育の現場で、〈誰の目から見ても検証可能な目標〉の設定や、それに基づく実践の〈成果〉の可視化などの要請が強められ、〈実践のマニュアル化〉が進行していること、こうした動向のもとで、教師の創意に基づく教育実践の自由な発展が強く制約されていること、間近に迫った改訂学習指導要領の施行は、このような動向をさらに強める方向で作用することが危惧されること…。これらの状況を踏まえつつ、目の前の子どもの姿から発想して、同僚や保護者との共同をもとに、子どものねがいに応える実践を模索しようとしている教育現場の努力を励ます「教育学の理論」を提示してほしい、というのが、私の理解した企画の趣旨でした。

私はこれまで、どちらかというと、障害のある子どもの学校教育の制度や行政などに関する問題を自らの専門分野としてきました。とりわけ２０００年代に入ってからの十数年は、「特殊教育から特別支援教育へ」を掲げる障害児教育制度改革の動きが具体化するなかで、障害のある子どもたち・青年たちのための教育制度はどのようなものであるべきか、「特別支援教育」と呼ばれる制度改革構想は、そうした課題に真に応えるものなのかといった問題に集中的にとりくむことになりました。ですから、自身の専門分野はたしかに「障害児教育学」ということになるものの、教育実践というしごとを直接の研究課題とするという意味での「教育学」は、必ずしも自らの中心的な専門分野とは考えてこなかったのです。「教育現場を励ます教育学を」という要請には、私の弱点をつかれたようで、どう応えようかと逡巡することになりました。

しかし、その一方で、右のような期待に、いささかなりとも応えられるものを書いてみたいというねがいが自らのうちに兆していることにも気がつきました。私は自らの専門分野については前述のように見定めてきたわけですが、その一方で、教育現場に出向いたり、学校の先生方の研究会に参加したりして、日々子どもたちを見つめ、子どもたちの人間的な発達を促す教育実践をつくりだそうと努力を傾注している多くの先生方と語り、そこから多くのことを教わってきたことが想起されたからです。それは、まずは私の職場である奈良教育大学の附属学校園、とりわけ、附属小学校・中学校の障害児学級や通級教室であり、また、全障研奈良支部の事務局に集う障害児学校や小・中学校の先生方の現場でした。さらに、近畿の各府県をはじめとする各地の全障研などのサークルや教職員組合の主催するさまざまな研究会なども、それぞれの地でとりくまれる教育実践の多彩な努力と出会う大切な場になりました。

若いころには、ベテランの先生方の授業を見せていただき、あるいは実践報告を伺うなかで、連綿と積み上げられてきた「発達保障を志向する教育実践」の魅力、わけても、障害と向きあいながら、人間らしく懸命に生きようとする子どもたちの姿と、そうしたねがいに応えようと周到に用意された教育実践のもつゆたかさ、見事さに、たくさんの驚きと感動、そしてなによりも「教師のしごと」への信頼をいただいてきました。近年では、私の勤務する大学を卒業した人たちを含め、私よりも年若い先生たちが、さまざまな困難のもとにあっても、なんとか子どもたちのねがいに応えようと努力を重ねる姿に出会う機会が増え、そうした経験からも、多くのことを学ぶことになりました。

そのようにして、数え切れないほどの教育実践の努力との出会いのなかで、私が教わってきたこと、先生方とともに考えあってきたことを、あらためてことばに紡いでみる。そのことを通して、与えられた課題に応えることはできないか。本書のもとになった連載は、このような考えで書き進めたものです。連載時のタイトルは「いま手渡したいこと」。私の漠然としたイメージをもとに、『みんなのねがい』編集部のみなさんにつけていただいたタイトルですが、右に述べたような私の思いを的確に表してくれています。本書では連載時のサブタイトルを前面に出すことにしましたが、私が多くの先輩方から教わり、受け取ってきたものを、これから障害児教育の道を歩もうとする若い先生方をはじめ、一人でも多くの方々に大切に手渡したいという思いに変わりはありません。

「受け取ってきたもの」のうちにはいくつかの大切なことばもあります。そのひとつを紹介しましょう。

「今はあの頃よりも条件がある」。

全障研の研究運動の発展に、自らの人生を重ねて生きてこられた和歌山の上杉文代さんが、２００８年の全障研和歌山大会全体会で、全障研運動草創期からの仲間のことばとして紹介されたことばです。障害者自立支援法の施行から3年目、特別支援教育の発足から2年目にあたるこの年、長年の障害児者の権利保障運動のなかで積み上げてきたものが根こそぎにされていくように見える情勢のなかで、上杉さんのこのことばを、私はすぐには素直に受け取ることができませんでした。しかし、障害のある人たちが何重もの無権利状態に置かれ、そのことが社会的にもいわば「当然」とされていた１９６０年代の状況と比較すれば、21世紀初頭の社会状況は、たしかに、しかも格段に「あの頃よりも条件がある」はずです。その「条件」を、障害のある人たちの権利保障をすすめる方向で生かすことができるかどうかは、私たちのとりくみにかかっているのだと考えるようになりました。
そこからさらに10年、私たちは自らの周りの「条件」を、障害のある人たちの権利保障をさらに進める方向で生かすことができているでしょうか。本書のささやかな試みが、そうした努力のなかに適切に位置づき、生かしていただけることを心からねがっています。

２０１９年7月　全障研第53回長野大会を前に

越野和之

もくじ

はじめに　3

序　「子どもの味方になる」ために……11

I　子どもの〈声〉を聴き、その悲しみをつかむ……19
1　子どもの〈声〉を聴き、その悲しみをつかむ　20
2　深く聴きとられることが育むもの　28
3　「科学的な子ども理解」を考える　36

II　悲しみを乗り越える糧になる文化を手渡す……45
1　生きる糧となる文化を手渡す　46
2　「ほんもの」を選び、本質を手渡す　55
3　あたりまえの生活を実質的に保障する　64

Ⅲ　障害をもって生きる社会の主人公を育てる……73
1　障害をもって生きる社会の主人公を育てる　74
2　合理的配慮を考える　83
3　合理的配慮の要求主体を育てる　91
Ⅳ　教師にあこがれと自分の頭で考える自由を……99
1　試行錯誤を励ます学校を　100
2　教師にあこがれと自分の頭で考える自由を　109
Ⅴ　なかまと出会う、なかまの中で生きる……117
―教育における集団の意味と集団指導の課題―
おわりに　130
引用文献　137

序

「子どもの味方になる」ために

いきなりですが、大上段に振りかぶって「教師のしごと」とはなんだろうか、というところから考えてみようと思います。

子どもたちの学習要求を探り、その発達を促すのに必要な教材を吟味し、子どもの実態を踏まえながら授業として具体化していくこと、子どもたちが毎日のくらしのなかで直面する諸課題を検討し、より自立した生活に向けて、生活上のさまざまな力量を身につけられるよう促していくこと、卒業して大人になってからも、地域社会の中で人間らしい暮らしを営んでいけるように、一人ひとりの子どもに即して進路を切り拓いていくこと…。

障害のある子どもたちととりくむ「教師のしごと」は多岐にわたります。それらは、どの一つをとっても、決して簡単なことではなく、しかも一人の教師がいくつもの課題に同時にとりくまなければならないのが学校現場の実態です。また、障害児教育の現場では、通常の教育以上に、多くの教職員の緊密な協働が不可欠です。さまざまな会議があり、多くの書類の作成が求められます。さらに、学校外の諸機関との連携も欠かせません。ここでも会議や書類、となりがちです。たくさんの仕事に追われ、明日の授業の準備すらままならない、というのが多くの先生たちの本音かも知れません。でも、そういう多忙さの中でも、「この子のこういう行動にどう向き合ったらいいのか」とか、あるいは「この仕事は何のためにしているんだろう…」と立ち止まり、考えることがきっとあると思います。

そんなときにどこに立ち戻るのか。私は「目の前のこの子の味方になる」ということが、教師のあれこれの立ち居振る舞いを律し、さまざまな課題への向き合い方を判断していく際の「最終的に立ち戻るところ」であってほしいと思っています。

◆「子どもの味方に」は「きれいごと」？

私は、大学で、障害児教育に携わることを希望する青年たちのための入門期の授業を長く担当していますが、ここ数年、毎回の授業の最後に時間をとって、その回の授業の感想を書いてもらうようにしています。提出された感想は文字データに書き起こし、一つひとつにコメントをつけて、翌週に「授業通信」として配付します。復習のつもりでこの「通信」を解説していると、つい力が入って授業がなかなか先に進まないという難点もあるのですが、授業の内容について、それぞれの感想や意見などにも触れながら振り返ると、（時に授業の本体部分よりも）熱心に聞いてくれる学生が多いです。私自身にとっても、学生の顔を思い浮かべながら書かれた感想を入力し、コメントを考えることは楽しみになっています。さて、ある回の感想にこんな文章がありました。

きれいごとだと言われるかも知れませんが、本来教師は児童生徒の味方であり、将来に向けて一緒にあらゆる可能性を広げていく役割があるものだと思います（後略）。

障害児教育を学び始めたばかりの一回生の感想です。そうか、「子どもの味方に」などと書くと「きれいごと」と言われるんじゃないか、という感覚があるのだなあと思いながら、こんなコメントを書きました。

決して「きれいごと」だとは思いません。教師は児童生徒の味方であるべきだ、というのは、教員を志すみなさんには絶対に手放さないでほしいことばの一つです。教師になるのなら、ぜひ最後の最後まで、子どもたちの、そして一人ひとりの子どもの味方であり続けられるように、なにを手放してもそれだけは手放さないでほしいと思います。

教師を志す多くの青年たちは、そういうことばで表すかどうかは別にして、「子どもたちの味方になりたい」というねがいをもっています。しかしその一方で、今日の学校という職場の労働環境の厳しさも予感していますから、「きれいごとと言われるかも知れませんが…」と、そのねがいを表明することにためらいを感じているのではないでしょうか。毎年、大勢の青年たちが新たに教師になっていきます。彼ら・彼女らを迎える職場が、「子どもの味方になる」ことを「きれいごと」と切って捨ててしまうことのない職場であってほしいと思います。

◆教師を追いつめるように働くことも

こう書きながら、もう一つのことが頭をよぎりました。ある年の私のゼミの学生の一人が「教師の困難と成長」というテーマで卒業論文にとりくんだのですが、この学生が行ったインタビュー調査のなかで、ある20代の教師が、初めて教師になった年のことを振り返っていました。

知的障害のある子どもたちのための学校の小学部に赴任した彼女は、他傷行為の頻発する男児の担当になります。不安なこと、わからないと感じることに出会ったときに暴力行為が現れるということは理解できるのですが、身体も大きく、どうやって止めたらいいかがわからない。毎日殴られてあざだらけになった彼女は、「もう辞めたい。殴られるために私は教師になったわけじゃない」と感じます。毎晩帰宅すると熱が出て、でも翌朝になると熱は下がっているので、つらい思いを抱えながら「行かなくちゃ」と出勤する毎日だったそうです。周囲の先生は「困ったことがあれば相談してね」と言ってくれていたそうですが、彼女自身が「私はこの子の先生なのに、この子といるのがしんどい、なんて言っていいのか」と感じ、自身のつらさをなかなか打ち明けられなかったとのことでした。

教師のしごとは子どもに寄り添い、子どもの味方になること。このことばは、ある場合には、そうあることのできない自身のつらさを率直に認めたり、他者に打ち明けて相談したりすることを阻むように作用することもあり得ます。まじめで誠実な教師ほど、このことばによって、追いつめられてしまうこともあるかもしれません。

◆「味方になる」ための方法論・組織論を

「子どもの味方になる」ということと関わってもう一つ。みなさんは『月あかりの下で』（２０１０年公開／制作・グループ現代／太田直子監督）という映画をご存知でしょうか。埼玉県の高等学校統廃合計画の一環として２００８年に廃校とされた埼玉県立浦和商業高校定時制課程（以下浦商定時制）の教育実践を記録したドキュメンタリーです。映画の冒頭、入学式の場面で、同校の教師だった平野和弘さんは、自身が担任となる新入生たちに向かって次のように語りかけます。

たとえ君たちの誰かが、この学校を嫌いになっても
たとえ君たちの誰かが、うそをついても
たとえ君たちの誰かが、親を裏切ることになったとしても
そして、たとえ君たちの誰かが、私を大嫌いになったとしても
また、たとえ君たちの誰かが、社会に反することをやったとしても
いつまでも君たちの味方になり続けようと、決心しています。

強烈なメッセージです。この学校に辿り着くまでにさまざまな育ちの経過をもち、深く傷つけられてきた経験を持つ青年たち（平野さんが担任したこの学級は40人中37人が不登校や保健室登校などの経験を持っているとのことでした）、彼ら・彼女らと向き合う4年間（もしくはそれ以上）の高校教育の過程にはさまざまなことが起こります。そうした青年たちに向けて、「いつまでも君たちの味方になり続けよう」との「決心」を平野さんは宣言します。

平野さんを奈良にお招きしてお話を伺った際、このメッセージについて伺うと、「あれは生徒に言っているというよりも、自分に言い聞かせていたんだ」とのことでした。どんなことがあっても、一人ひとりの生徒の「味方になり続ける」こと、ベテランの域に達する教師にとっても、それは決して簡単なことではないのでしょう。一方で平野さんはこうも書いています。

トモが学校で生き直そうとしたのは、平野という教師がいた、からではありません。浦商定時制という学校が、青年とまともに向き合い、とことんつきあい、彼らと共に歩もうとしていたからです。それは「思い」だけではなく、具体的な方策に切り替える方法論と組織論をもち合わせていたからです。一人の教師が「俺が何とかしてやる」と生徒に向かっても、そう簡単に変えることなどできません。できればそんな考えは慎んだ方がいいし、生徒にとっても結局裏切られることにつながり、教師も傷つくことの方が多いのです。（平野和弘、２００８）

教師が子どもたちの「味方になる」こと、子どもたちと「まともに向き合い、とことんつきあい、彼らとともに歩む」存在になることは、一人の教師の思いだけではできない、「学校」という場が、そのための組織にならなければならないし、そのためには具体的な「方法論と組織論」が必要なのだと平野さんはいいます。浦商定時制の教職員集団の「方法論」は、平野さんの著書のサブタイトル「居場所から『学び』の場へ」ということばに集約されるものだと思います。では、障害がある子どもたちの教育の場合はどうでしょうか。以下の各章では、「子どもたちの味方になる」ことをねがって格闘してきた多くの先輩たちの実践に学びながら、そこに結晶している具体的な「方法論・組織論」と、それを支える教育の思想について考えあっていきたいと思います。

I

子どもの〈声〉を聴き、その悲しみをつかむ

1 子どもの〈声〉を聴き、その悲しみをつかむ

「学校」というところは、年度を単位に運営されています。毎年4月になると、先生たちは、新しく担任になった子どもたちとの新しい生活を始めていきます。新任の先生にとっては、文字通り「はじめて受け持った私の子どもたち」との生活、経験のある先生も、「今年はこの子たちの担任」と、思いを新たにして新しい学年を始めていくことでしょう。

序で私は「子どもの味方になる」ということを書きましたが、先生たちに「味方」になってほしいのは、抽象的・一般的な「子ども」ではありません。もちろん「自分のクラスさえよければいい」ということでは困りますが、それでもまずは、自分の目の前にいるクラスの子どもたち、「この子」の「味方になる」ことがスタートです。でも、それは時として簡単なことではない、序ではそんなことを書きました。障害をもちながら子ども時代・青年時代を懸命に生きている目の前の「この子」の味方になる、それはどんなふうにしたらよいのでしょうか。

◆子どもの悲しさを知る

三木裕和さん（鳥取大学）は、十数年前の『みんなのねがい』に次のように書いています。

障害児学校に勤め、障害児と親しくなる。いっしょに遊んだり、学習したり、生活介護の一端を担ったりする。障害について学習もし、いっぱしの「関係者」になったような気になります。しかしそれだけで「障害をもって生きる」ことについて、わかったわけではありません。（三木、2005）

新年度に手にされる『みんなのねがい』、この号の特集タイトルは「子どもをみる目」でした。三木さんは、はじめて障害児教育という分野に職を得た人たちの、働き始めの時期の経験と心の動きを念頭におきながら、「しかしそれだけで『障害をもって生きる』ことについてわかったわけではない」と言います。ではなにが大切なのか。

三木さんは、教師として、障害のある子どもたちに日々接する「私たち」にとって「もっとも大切なもの」は、「障害をもって生きる人の辛さや悲しさを具体的に知」ることであり、そのことを知った上で「なおかつ、この人たちに生きる希望を示すことができる、優しくもたくましい力」なのだと書いています。実はこの文章が『みんなのねがい』に載った時に、当時のゼミの学生と一緒に読んだところ、「どうして悲しみなのでしょう？　私は子どもたちと一緒に喜びや楽しみをたくさん味わえる教師になりたいのですが…」という感想が出されました。なぜ三木さんは、「悲しさや辛さ」に目を向けるのでしょうか。

三木さんは先の文章に続けて、ご自身が長く担任してきた重症心身障害児と言われる子どもたちに触れ、この子たちの日々の暮らしを、「自分で自分の体を動かすことができません。呼吸や摂食に苦しみがつきまといます。生きることそのものが戦いなのです」と描き出します。教師は、子どもたちの毎日の生活のなかに避けがたく存在する、そうした「苦しさや辛さ」を深く知らなければならない。その辛さをよく知っているからこそ、「体調の良いときに、戸外に出てホッとした笑顔が生まれた」り、「自分で自分の体を少しでも動かせた」ことの意味を、子ども自身のかけがえのない幸福としてとらえることができるのだというのです。

同様に自閉症児についても、「身のまわりのできごとに不快や不安を感じ、苦しんでいる存在、自分自身の「個性的」な楽しみや遊びを「人にもわかってほしい」「それを認め、共感してほしい」とねがっている存在ととらえ、しかしそれが「理解されにくい」ことの辛さを抱えている子どもたちだと三木さんは描きます。そして、そうした子どもたちの「辛さや悲しさ」は、「実は、幸福に生きたいという『希望の種』」だというのです。

子どもたちが、障害の存在や、さまざまな生活上の背景ゆえに、日々直面せざるを得ない「辛さや悲しさ」を深くとらえ、そのうちに、本当はこんなふうにしたい、こんなふうに生きたいという「希望の種」を見出すこと、子どもたちをそんなまなざしで見ることが、「子どもの味方になる」ことの出発点になるのではないでしょうか。

◆「問題行動」のなかに「発達要求」をとらえるために

しかし、(このことは三木さん自身も言っていることですが) そんなふうにとらえることの難しい子どももいます。とりわけ、いわゆる「問題行動」の頻発する子どもの場合には、まず行動の激しさに目を奪われ、当該の行動を制止したり、なんとかそうした行動が見られなくなるように、と考えがちです。激しい自傷行為は見るからに痛ましいし、他者への暴力や暴言は、ともあれ制止せざるを得ない。「問題行動のなかに発達要求を見る」ということばは、発達保障論を築いてきた先達たちが実践のなかから生みだした大切なことばですが、目の前の子どもの姿に即してそうした思考を徹底することは簡単なことではありません。どうしたら、子どもの示す「問題行動」のなかに「発達要求」を読みとることができるのでしょうか。

愛知のろう学校の教師だった竹沢清さんは、「『問題行動』に出会うときほど、私たちの人間的な力量が問われることはない。私たち自身が、『問題行動』にこだわってしまいがちだからだ」と述べた上で、「問題行動」に出会った時の教師の内面における「歯止め」

について書いていています（竹沢、1992）。

竹沢さんの歯止めの一つ目は、「『問題行動』そのものの善悪の価値判断」をひとまずおいて、「なぜそうした行動をとるのか」を探ること、具体的には、問題行動の起こりやすい時間帯や集団、活動、働きかけのあり方をていねいに吟味するとともに、「働きかけのなかで、いつもと違う、その子のキラッと輝く部分」を見つけ、そこに「発達の可能性」＝「『問題行動』から立ち直」ろうとする子ども自身の力の萌芽を見出そうとすることだと言います。

そしてもう一つの歯止めは、「私にもそうした思いはなかったか、と我が身に引き寄せてとらえる」という観点です。竹沢さんは「遅れてくるとなかなか教室に入らない」とし子について、「遅れているのになぜサッサとしないのだ」と責めそうになる自分自身に対して、「そういえば私も、会議に遅れたとき、入りづらかった」と考えなおしてみることで歯止めをかけ、そうすることで「とし子の行動にふっと共感がわいてくる」と記しています。

◆発達保障思想の源流から

20年以上も前に出会った竹沢さんの文章を改めて読み返してみて、先の二つの歯止めが、発達保障論の源流の一つである滋賀県立近江学園などでの1960年代の実践と驚くほど正確に符合することに気づきました。

田中昌人さんは、近江学園での実践の展開に触れた文章のなかで、「子どもたちの行動の意味をわかろうとしないで、こうすべきだということをおしつけるのは、それがどんなによいと思われることをもちこむのであっても、まちがいだ」という学園内の全障研サークルでの討論を紹介し、「問題とみられる行動がどのような発達要求のあらわれなのか、その発達的意味がわかるまでは禁止しない」という指導者集団における「内部規律」について述べています（田中、１９７２ａ）。このことは、竹沢さんの「善悪の価値判断」をひとまず保留して「なぜそうした行動を」と考える、という発想と響き合うものでしょう。そして、二つ目の歯止めは、同じく田中昌人さんの次の文章を想起させます。

この子どもたちはまだ歩いていないが、心ではどんなふうに歩いているのだろう、うろうろ動きまわるというのはなにを語りかけているのだろう、あの手の動きはなんというこどばだろう、ベッドに寝たきりだがほんとうに寝ることしかできないのだろうか、生後三ヶ月くらいまでの発達段階でもつれているといわれている子どもたちはどのようにして外界をとりいれていくのだろうか、人間の尊厳を現実に実現していくというのはどういうことなのだろうか―。（田中、１９７２ｂ）

この文章は、直接には重症心身障害児施設びわこ学園の実践に関する記述ですが、ここに記された思考、具体的には「まだ歩いていない」子どもについて「心ではどんなふうに歩いているのだろう」と問い、「うろうろと動きまわる」姿や、「常同行動」と呼ばれるような「手の動き」のなかに、子どもたちの「語りかけ」「ことば」を読みとろうとする発想は、重い障害ゆえに、私たちの理解の届かない存在という子どものとらえ方を乗り越えて、「ことば」のない子どもたちの〈声〉を聴きとろうとする発想です。そして、先の引用の最後の一文が明瞭に示すように、こうした問い直しは、障害の重い子どもたちの姿のなかに、一人の人間としてのかけがえのない尊厳を見出そうとする思想に裏打ちされていたのです。竹沢さんの言う「私にもそうした思いはなかったか」という「歯止め」は、子どもたちの、一見理解し難いように見える行動のうちに、私たちにも共感可能な人間的なねがいを見出そうとするという点で、先のびわこ学園などでの子どもの姿のとらえ直しに連なるものなのだと思います。

◆仲間と語り合うなかで

「善悪の判断はひとまず保留して」とか「子どもの行動の意味がわかるまでは禁止しない」などと言われても、そんな考え方は、私の職場ではとうてい通用しそうにない。そう思われた方もあるかも知れません。現場の先生たちから、「ともかく子どもの行動を変える」

とか「悪いことはともかく止めさせるのが先決」といった職場の雰囲気についての悩みを聞くことも少なくありません。

そうした学校や、ひいては社会の雰囲気については、機会を改めてしっかり考えてみたいと思いますが、ここでは、竹沢さんの実践が、「赤白帽子を忘れたら球技大会は見学」といった「指導」に象徴されるような、厳しい管理主義教育のただなかで、それに抗してとりくまれたものだったこと、近江学園の「内部規律」も、子どもたちのなかから自発的に生まれてきた「遊び」を、規律がないなどといって禁止しようとする職場の状況を考え合うなかで生み出されたことなどを記しておこうと思います。そして、竹沢さんや近江学園のとりくみの背景には、教職員組合の主催する教育研究活動や全障研のサークルなど、同じ思いをもつ仲間との語り合いの場があったことも。

「この子のこの行動をどうとらえ、どう対応したらいいんだろう」『子どもの味方になるってどういうことなんだろう』。そんな迷いや悩みを、仲間とともに話し合うこと、そのために私たち自身が安心して語り合える場と仲間をもつことは、「この子の味方になる」ためにどうしても欠かせない条件なのだと思います。

2 深く聴きとられることが育むもの

前節で私は、「子どもの〈声〉を聴き、その悲しみをつかむ」ということについて述べました。これは主として、子どもと関わろうとする大人の側に視点をおいて述べたものでした。私たちが教師として、指導者として障害などのある子どもたちに関わる際、その関わり方を、「子どもの味方になる」ようなものにしていくためには、子どもたちの示す、時にはことばにならないさまざまな〈声〉に耳を傾け、そのうちに秘められたその子自身の「辛さや悲しみ」を読み取り、さらにその背後にある「本当はこうしたい」「こんなふうに生きたい」という、子どもたちの人間的なねがいをつかもうとするところから始めたい、そんなことを書きました。このことは、教育実践という営みの欠かせない出発点であり、また実践の中で迷いが生じた時、何度でも立ち戻るべき大切なよりどころです。しかし、「子どもの〈声〉を聴きとる」ということは、教師＝大人にとってだけ大切なのではありません。「子どもの〈声〉を聴きとる」ことを志向する実践は、それ自体が、子どもたちのうちに、大切なものを育んでいくように思います。

◆南有紀さんの実践記録から

『障害者問題研究』という雑誌をご存知でしょうか。『みんなのねがい』と並ぶ全障研の機関誌で、障害のある人の権利保障をめぐる諸問題を総合的・多角的に扱う他に類のない雑誌です。この雑誌の「実践に学ぶ」というコーナーに、和歌山県の南有紀さんの報告が掲載されています（南、2018）。

実践記録の主人公は、在宅訪問教育で学ぶ小学部6年生のAくん。南さんはAくんが転校してきた小学部3年生の時から3年間、彼の訪問教育を担当します。Aくんのプロフィールには、溺水事故による低酸素脳症、自発呼吸はなく人工呼吸器による呼吸管理、自分の意思で動かせるのは舌と眼球のみと記されています。健康状態は「比較的安定している」とも書かれていますが、大変障害の重い子どもです。南さんは、「話しかけに口唇・舌をわずかに動かす様子が見られる」という前籍校からの引継ぎを頼りに、話しかけに対してAくんが舌や口唇を動かしたら、その動きを「お返事だね」と意味づけ、そのことをことばにして返すというところから、取り組みをスタートさせます。

訪問がスタートして間もない5月、南さんがAくんの目の前にフェルトの数字を貼ったカレンダーボードを提示すると、Aくんは「突然目を大きく開けて、舌を繰り返し突き出」す姿を見せました。フェルトの数字が一つはずれて、Aくんの胸の上に落ちたのです。そのことに気づいた南さんは、そんな彼の姿を、「音もなく突然消えたフェルトの数字にびっくり」した、「大慌てでそのことを伝えようとしてくれた」ととらえ、「数字が落ちたの、びっくりした?」「先生に落ちたよって教えてくれた?」とAくんに尋ねます。それに対し、また繰り返し舌を動かすAくん。Aくんのしている動作は「舌を出す」ことだけですが、その限られた動作が、Aくんのどのような心の動きのあらわれなのかを、南さんが的確に「聴きとって」いること、その、「聴きとった」ことを、「こう思ったの?」「伝わったよ」とAくんに返すことで、Aくん自身にも、自分の心の動きが南さんに伝わったことがわかり、Aくんが「何を見て」「どう思ったのか」について、Aくんと南さんの間に共通の理解が成り立ち始めていることがわかります。

このエピソードなどを通して、Aくんは「見えている」ことをつかんだ南さんは、次に、「積極的に教材を目の前に提示し、選択する機会を設定」するところに取り組みを進めます。絵の具の色、絵本、使う道具など、二つの選択肢を目の前に提示して、指さしで「こっちにする?」と尋ね、舌の動きが見られた方を「選んだ」と受けとめて、「こっちにするんだね」と、ここでもAくんの選択をことばで返すようにしていきます。

そんなある日、七夕の短冊に書く願いごとを、お母さんが「元気に過ごせますように」と提案すると、Aくんは「突然全身に力を入れて、舌を繰り返し突き出し、担任の方にぐっと眼球を動か」す様子を見せます。南さんが「どうしたの？　他の願いごとがいいの？」と尋ね、「いろいろなことを体験したい、はどう？」と聞くと、Ａくんは「一度しっかり舌を突き出した」そうです。南さんとお母さんは、この時のＡくんの姿を、「自分の願いごとを勝手に決めようとした私とお母さんに腹を立て」、「『ちょっと待ってよ、ぼくの話を聞いてよ』と伝えてくれた」姿ととらえていきます。

このようにスタートした訪問教育の中で、Ａくんは、4年生になると「ティッシュ相撲」で負けたことに悔しがりながらも「先生の方が大きい」ことをとらえ、伝えられるようになり、5年生の学習発表会では、歌も歌いたい、鈴も鳴らしたいというねがいをもち、その実現の仕方を選んで伝えられるようになるなど、大きな変化を見せていきます。

◆「聴きとられること」が育むもの

南さんは、Ａくんとの授業で大切にしてきたこととして、次の三点を挙げています。

① 話しかけに対し、顔やからだの動きがあれば返事として受けとめ、ことばで返していく。
② できるだけ選択場面を作り、口の動きを中心にサインを待つ。
③ ふれるときは必ず予告する。

①と②については、その端緒的な場面を先に紹介しました。③は、身体介護で身体に触れられることが多い一方で、不意に触れられると全身に緊張が入ってしまうAくんの状況に対して、必ず「さわるよ」と予告してから触れるようにするということだと理解しました（兵庫の原田文孝さんは、同様の姿を示す重症児について、「『触れてほしいのに、触れられたくない』という悩み」をもっている「愛されべたの子どもたち」と述べています（原田、２００８））。

私は、南さんの記す三つの「大切にしてきたこと」には、ある共通点があると思います。その一つは、重い運動障害ゆえに自発的な動作や意思の表現などが厳しく制約されているAくんに対して、それでもAくん自身の好悪や選択、意思が必ずあると仮説し、それがどのように表されるのかを注意深くとらえようとする南さんの構えです。これは、言い換えれば、「Aくんの〈声〉」を深く聴きとろうとする構えに他なりません。そして、もう一つ大切なことは、南さんが、たとえ不確かであってもAくん自身の表現・表出であるとみられた行動に対しては、南さんなりの意味づけ（解釈）をことばにして、「こう思ったの？」「こうしたかったの？」と、必ずAくん自身に尋ね返していることです。このことには、大変重要な意味があると私は思います。南さんが、聴きとった内容を繰り返しAくんに伝え、その正否を尋ね返していることは、他ならぬAくん自身の表現・表出を励まし、そのことを通して、Aくんは自らの意思表示を確かなものにしていっていると思うからです。

そう、深く「聴きとられること」は、子ども自身のうちに、「伝わるんだ」「わかってもらえるんだ」という確信、すなわち、伝える力をもつ自分と、それを聴きとろうとする大人・教師との双方への信頼を育むことを通して、子ども自身を表現・表出の主体者へと育てていくのです。

◆「平和的な国家および社会の形成者」への発達

では、このことは教育実践においてどのような意味をもつのでしょうか。ここでは、政治学者の齋藤純一さんの議論に力を借りましょう。

齋藤さんは「公共性」を論じた著作（齋藤、2000）の中で、「親密圏」という概念に触れ、その一形態としてセルフヘルプ・グループ（自助集団）について述べています。ここでいうセルフヘルプ・グループとは、「同じような生の困難を抱えている人びと、同じような否定的な経験に曝されやすい人びと［齋藤さんはその例として「アルコール・薬物依存、心身の障碍・疾患、犯罪被害や被虐待の経験、不登校、被解雇など」を挙げています――筆者注］が、孤立のうちに困難を抱え続けなければならないという苦境を打開するために形成する集団」を指します。アルコール依存の方々の断酒会や、不登校の子どもの親の会などを想起すればわかりやすいでしょう。

さて、齋藤さんによれば、ある関係が「親密圏」となるための条件は、第一にそこに形成される関係が「見知らぬ一般的な他者、抽象的な他者」との関係ではなく、「間―人格的（inter-personal）」なものであること、第二に、親密圏における「他者」は「身体性を備えた他者」であり、そこでの関係性は、具体的な「他者の生命・身体への配慮」によって形成・維持されることだと言います。そして、そこにおける関係性のこのような特徴に由来して、セルフヘルプ・グループは、「感情の空間」という性格を持ち、その場に参加する者たちにある感情、具体的には「恐怖を抱かずに話すことができるという感情、無視されはしないだろうという感情、そこに向かって退出することができるという感情、そこでは自分が繰り返し味わわされてきた感覚が分かってもらえる（かもしれない）という感情」、「つまり、排斥されてはいないという感情」を提供するというのです。

引用をつないだ読みにくい文章になってしまいましたが、ここからが大切です。齋藤さんは、「自尊の感情」にとって、「自らの存在が無視されず、自らの言葉が黙殺されない〈間〉を持ちうること」の重要性にも触れながら、「親密圏は『相対的に安全な空間』…（中略）…として、とくにその外部で否認あるいは蔑視の視線に曝されやすい人びとにとっては、自尊あるいは名誉の感情を回復し、抵抗の力を獲得・再獲得するための拠りどころ」となると言います。そして、そこで育まれるものが「否認や蔑視をも恐れ」ず、「公共的空間に自らの行為や言葉において現われでる勇気」＝「政治的徳性」であることを主張するのです。これは、親密圏の人格形成作用とも言うべき働きにほかなりません。

セルフヘルプ・グループに代表される「親密圏」の一つの大切な機能は、その参加者に、「無視されない」「わかってもらえる」という感情を提供することであり、そういう場があってこそ、人は、より広い公共的な空間に対しても、他ならぬその人自身の「行為や言葉」によって自らを主張することができるようになります。それは、多様な人びとが、他のだれでもない自分自身の〈声〉を持ち寄り、それを表明し合うことで、より民主主義的な社会を形成する基盤となる、その意味においてまさに「政治的徳性」なのだというのです。

ここで言われる「政治的徳性」とは、言い換えれば１９４７年教育基本法の言う「平和的な国家及び社会の形成者」としての力量に他なりません。子どもたちの〈声〉を深く聴きとること、そのことを通して、子どもたち自身のうちに、「伝わるんだ」「わかってもらえるんだ」という信頼を育み、子どもたちを自身の表現・表出の主体者へと育てていくことは、こうした射程に位置づく、きわめて大切な人格形成への働きかけなのだと私は思っています。

3 「科学的な子ども理解」を考える

二つの節にわたって、「子どもの〈声〉を聴き、その悲しみをつかむ」ということについて考えてきました。繰り返しになりますが、このことは、子どもたちの、かけがえのない子ども時代の生活をともに過ごす教師にとって、決して手放してはいけない大切な視点だと私は思っています。

一方で、障害のある子どもの教育においては、子どもを「科学的に」つかむことが大切だと言われます。特別支援教育においては、子どもの障害特性などの理解と、それを踏まえた対応の必要が従来以上に強調され、その前提として、専門家によるアセスメントや、それに基づく個別の支援計画、指導計画の策定と活用などが重視されてきました。こうした動向とまったく同じではありませんが、発達保障をめざす研究運動の中でも、「科学的な子ども理解」の大切さは繰り返し確認されてきたことです。そこでは、子どもを「障害・発達・生活」の視点からとらえることの大切さが言われてきました。こうした角度からの子ども理解と、「子どもの〈声〉を聴き、その悲しみをつかむ」という子ども理解の視点とは、どう関係するのでしょうか。私が出会った二人の子どもに力を借りて、このことを考えてみたいと思います（プライバシー保護のため事例には改変を加えました）。

◆数学は得意やねん

Aさんは、小学校の時から居住地の学校の通常学級で学んできました。中学2年生になった頃、学校の成績がふるわず高校進学が心配、という訴えで、保護者が私の研究室を訪れました。お話をうかがった後、では本人の状況を知るために、発達検査をしてみようということで、日を改めてAさんに大学まで来てもらいました。

検査の前に、学校での生活や勉強のことを聴きました。苦手な教科を尋ねると、「美術かなあ」。「他にもある？」と聞くと、「家庭科もちょっと…」と言います。「家庭科は調理とかもあるし、楽しくない？」と聞くと「調理はいいんやけど、裁縫が苦手やねん」とのことでした。いわゆる主要5教科の成績が思わしくないとうかがっていましたので、「数学は？」とつっこむと「数学は得意やねん」。「どんなことやってるの？」と聞くと「単項式と多項式」と答えてくれました。

そんなやりとりの後、検査を実施しました。結果、Aさんが安定的に答えられる課題は発達年齢で8歳くらいまでの課題、9歳以降の課題に応えることは難しく、保護者の当初の訴えは「学習障害ではないか」ということでしたが、全般的な発達の遅れが見られ、軽度の知的障害に相当する状態だと思われました。

この時用いた新版K式発達検査では、11歳台の課題に「数学的推理」という課題があります。「針金3メートルで15円とすれば7メートルではいくらか」などの課題の書かれた図版を提示して暗算での回答を求めます。右の課題で言えば、1メートルあたりの値段(単位あたり量)を割算で算出し(15÷3＝5)、その後、「単位あたり量」に「いくつ分」を掛けて値段を求める(5×7＝35)というように、複数の演算を組み合わせて解を求める操作が要求される課題です。暗算ではまったく手が出ないようだったので、紙に書いて考えてもらったのですが、それでもAさんのとりくみ方は、「えーと、3足す15かな…。あ、掛けるか…」と、提示された数字(3メートル、15円、7メートル)をランダムに式にあてはめて計算するというもので、「単位あたり量」どころか、単位の異なる量は足せないという加算の原則もあいまいなようすでした。四則演算について言えば、小学校低学年の課題でつまずいていることが見て取れました。

これでは、中学校の数学は手も足も出ないだろうと思いつつ、では「数学は得意やねん」というAさんの自己認識はどこから来るのだろう、と考えました。「調理はいいけど裁縫が…」ということばがヒントになりました。家庭科や美術では作品が目に見える結果として残ります。どんなに一所懸命にとりくんでも、クラスのみんなと同じようには仕上がらない、その目に見える結果がAさんの苦手意識の背後にあるのだと思いました。では「数学は得意」というのはどう考えたらよいでしょう。

中学の数学の授業の様子を考えてみました。教科書やドリル、あるいは先生が板書した課題をノートに写して計算する、順番にあてられて黒板で解いてみる、正答することもあるが、まちがっていることもある…。Aさんは板書の視写はできますから、自分では正答を導けなくても、板書を見て解法や正答をノートに書くことはできます。だから、目に見える活動の水準では「みなと同じように」とりくめているとも言えるのです。もちろん、視点を思考の水準に移せば、Aさんの活動（「板書を視写する」）と他の生徒の活動（「出題された問題を自分のノートの上で解く」）は大きく異なります。けれども、「目に見える活動」を評価の指標とするAさんの認識においては、数学は「みなと同じようにがんばれる」教科なのではないかと推測しました。

こうしたことをまずは保護者に伝え、特別支援学級に入級し、Aさんの発達水準にあった学習を保障することが望ましいこと、進路については特別支援学校も視野に入れた方がいいことなどを話しました。紆余曲折がありましたが、Aさんは特別支援学校の高等部に進み、生徒会活動などでも活躍して社会に出て行きました。

◆ハエはスカートはいてへん

Bくんとは、彼が小学校2年生の時に出会いました。彼の小学校からの依頼で発達検査を実施したのです。同じく新版K式の発達検査です。

7歳台に位置づく課題に「三語一文」（提示された三つのことばを用いて口頭で短い文を作る）があります。3問あるうち最も難しいのが「魚、川、海」という課題ですが、Bくんは「その魚は鮭！　海から川へと上っていく」と見事に答えてくれました。検査全体としても年齢相応、もしくはそれ以上の発達的な力量があることをうかがわせる結果でした。

ところが、6歳後半の課題である「語の差異」では、こんなことが起こりました。この課題は提示された二つの言葉について、どこがどうちがうかを答える課題です。現在のK式検査（2001年版）では「卵と石」「砂糖と塩」「救急車と消防車」の3問ですが、改訂前には「蝶と蠅」という課題がありました。この課題に対してBくんは「ハエはスカートはいてへん！」と答えたのです。

彼が何を言っているのかわからなくて「え？　何？」と聞き返すと、Bくんは言いました。「あのな、ハエはスカートはいてへんねん。少女はスカートはいてるけど」。そう、私は課題教示の際に「チョウチョと蠅はどうちがう？」と聞いたのです。この「チョウチョ」を

Bくんは「少女」と聞きちがえて、「少女と蝿」のちがいを一所懸命に考えてくれたのでした。

こうした結果について、Bくんの学校の先生方と話し合いました。Bくんは、ことばを用いて話したり、考えたりする力量では年齢以上の力をもっており、先生方は「何でもよくわかっている」と考えておられました。一方で「時々突拍子もないことを言ったりしたりする」ことがあり、これは「ふざけているのではないか」という理解でした。ところが、右の「蝶と蝿」への答え方などから、一つには話しことばで提示されたことを聞きちがえていることが意外と多いのではないか、という可能性が見えてきました。もう一つ、通常であれば、仮に聞きちがえたとしても、「え？　少女と蝿って聞こえたけど、でも少女と蝿を比べるだろうか」と、入力された情報を「常識の枠」に照らして吟味し、それに基づいて「ぼくの聞きちがいかな？　聞き直してみようかな」と、必要に応じて聞き直したり、確かめたりするという作用が働きます。しかしBくんの場合、そうした発想が起動しにくく、誤った入力（聞きちがい）をそのまま受け取って、持ち前の高い言語能力でがむしゃらに答えてしまうのではないか、と考えました。

Bくんは、たずねられた（と思った）問いに一所懸命に考えて答えたのです。しかし「ハエはスカートはいてへん」という答えは、ともすれば「突拍子もない」「ふざけている」と受け取られかねない答えです。この時は一対一の検査場面だったので、すぐに問い返し、彼の「聞きちがい」と、それに基づく「まじめな思考」に気づくことができました。しかし授業中の教室では、「またBくんがおかしなことを言っている」と受け取られてしまうかもしれません。こんな議論を踏まえて、一見「ふざけている」ように見えるBくんの言動の背後に、「聞きちがい」や、その「聞きちがい」を吟味し、必要に応じて修正するという、いわば思考のブレーキの働きにくさの可能性を見る必要があるのではないか、と話し合いました。

◆生活の事実と関連づけて考える

Aさんは、通常学級の中で「みんなと同じように私もがんばりたい」というねがいをもち、そのためにわからない学習のなかでも懸命に板書を視写し、「まじめに」学習にとりくんでいました。また、懸命にとりくんでもみなと同じような作品が仕上がらない家庭科や美術に苦手意識をもち、「うまくできるようになりたいなあ」というねがいをもっていました。Aさんの困難の背景には発達の遅れがあり、Aさんのねがいに応えるためには、その発達水準にあった学習内容や教育課程を用意してあげることが必要でした。

Bくんは、彼なりに聞きとった課題に「まじめに」答えようと努力しているのに、聞き取りの不正確さや、聞きちがいを修正する「常識の枠」のブレーキが効きにくいことなどがあり、ことばの力の高さとも相まって「ふざけている」と誤解されやすい可能性がありました。

これらは、発達検査の実施を通して明らかになってきたことですが、しかし、検査の結果だけから自動的にわかったわけではありません。どちらの場合にも検査場面やその前後のやりとりのなかで示された子どもたちのことばや応え方を、その子の毎日の生活の様子と突き合わせ、それぞれのもつ意味を吟味するなかで、「もしかしたらこういうことではないか」と、いわば仮説的に取り出してきた子ども理解です。そして、こうした仮説的理解を導くうえでは、その子の日々の生活をよく知っている先生方と、検査の結果や検査場面での子どもの様子を共有し、それらが示すことについて話し合うことが欠かせませんでした。

科学的な子ども理解とは、専門諸科学が提示する方法や、それに基づく所見をそのままのかたちで受け容れ、それらが示す処方箋に唯々諾々と従ったり、さらに進んで処方箋を求めたりすることではありません。諸科学とその方法が提示する子ども理解を、毎日の生活のなかでつかまれてくる子ども理解としっかりとつきあわせて噛みくだき、両者を総合することで、より深く子どもを理解しようと努力する。こうした姿勢こそ、ことばの真の意味で科学的な態度なのだと思います。そして、その努力が、「子どもの〈声〉を聴き、その悲しみをつかむ」という思想に方向づけられてこそ、「科学的な子ども理解」は、私たちが「子どもの味方になる」ための不可欠の方法論となるように思うのです。

Ⅱ

悲しみを乗り越える糧になる文化を手渡す

1　生きる糧となる文化を手渡す

前章では、三つの節にわたって「子どもの〈声〉を聴き、その悲しみをつかむ」ということについて書いてきました。これは、「子ども理解」という、教育実践の出発点にあたるしごとにはどのような質が求められるのかということについての、私の考えを述べたものでした。

ところで、このようにしてつかんだ子どもの「悲しみ」に、教師はどう向きあえばよいのでしょうか。本章ではこのことについて考えていきたいと思います。

◆悲しみを乗り越える糧になるもの

「私の考えを述べた」と書きましたが、この「考え」は私が一人でひねり出したものではありません。ここで言う「私の考え」は、全障研や教職員組合の教育研究活動などを通して多くの教育実践と出会い、その担い手である先生たちと話し合ってきた中で、徐々に私の中に形成されてきたもののことであり、言い換えれば、そうした出会いを通して私が教わってきたこと、ということになります。本書のもととなった『みんなのねがい』での連載のタイトルは「いま手渡したいこと」でしたが、このタイトルも、私が多くの先輩から学んできたことを、障害のある子どもの発達保障をめざす道行きに新たに足を踏み出した人たちにも手渡したい、そして一緒に考えてもらいたいという思いでつけたものです。

さて、私が多くのことを教わってきた場の一つに、埼玉の麦の会というサークルがあります。1978年に「再建」されて以来、今日まで毎月一回の例会を継続してきた大変息の長い教育実践研究サークルです。遠方なので月々の例会には出られませんが、毎年の夏合宿にはほぼ欠かさず出席させてもらっています。また、麦の会の実践と議論を本にまとめるしごとにも参加させていただきました。2009年には、『学び合い・育ち合う子どもたち―明日の授業をつくる―』（全障研出版部）という本をつくりましたが、この時におこなった座談会で、同会のメンバーの一人である北川祐子さんは次のように話してください ました。

きょうだいたちを失って、こわく、さみしく、とてもかなしい世界に取り残されたスイミーに、再び困難に立ち向かう力を与えたのは、海の中のたくさんの「おもしろいもの、すばらしいもの」との出会いだった。私たちの学級の子どもたちもそれと同じなのではないか（ただしこの発言は前掲書には未収録）。

さまざまなつらさや悲しさを抱えながら、それでも「幸福に生きたい」という人間的なねがいを胸の奥深くに秘めている子どもたちに、教師がすべきこと、教師こそがしなければならないことは、悲しみに沈むスイミーに、再び元気を取り戻させたクラゲやイセエビ、見たこともない魚たちに匹敵するような、生きることを励まし、悲しみを乗り越える糧となる、新しい世界との出会いを用意することだというのです。

この座談会のタイトルは「それで、あなたは何を教えているんかい？」とされています。このことばは、1981年から2002年まで、共同研究者として麦の会に参加してこられた群馬の田村勝治《かつじ》さんのことばです。初任者として赴任した児童施設内の分教場の子どもたちの大変な状況を報告した北川さんに、田村さんはまず「子どもの悲しみに共感できる教師になりなさい」と助言し、次いで「それで、あなたは何を教えているんかい？」とたずねられたそうです。子どもの悲しみに寄り添うことは大切です。けれども教師のしごとはそれだけでは終わりません。子どもの抱える悲しみを深く理解しつつ、同時にそれを乗り越えるための糧になるような、値打ちのある文化を手渡すこと、それこそが教師のしごとなのだ。先の田村さんのことばには、このような思想が込められているのです。

◆顕微鏡、買うべえじゃねえか

私は90年代の末に麦の会に出会い、そこで田村さんとも出会いました。その後、品川文雄さんの導きで二度に渡って群馬・伊勢崎市の田村さんのご自宅に伺い、お話を聞かせていただきました。田村さんが逝去されたのは2002年の秋、私はその直前に、田村さんから最後のバトンを受け取ったのだと思っています。

田村さんが障害児教育に関わり始めたのは1960年代、群馬の小学校の校長だった40代半ばのことです。文部省（当時）の施策として特殊学級の増設が図られるなか、田村さんの学校でも保護者の要求などを受けて特殊学級を開設することになります。そこでの数年間のとりくみを経て、1967年、ちょうど全障研が発足した年に、同じ地域の中学校（東《あずま》村立東《あずま》中学校）に転勤した田村さんは、すでに開設されていた特殊学級（以下東中での当時の呼称に従い「養護学級」）の状況に絶句します。

最初の時はね、給食室の隣の廊下で、うんと薄暗い教室なんだ。それで行くってえと、カーテンが閉めてあんだよね、教室へ。なんでだろうなあと思ったら、よその人に見られると恥ずかしいってんだよ、その子たちが。なんとも言えなかったなあ、私も。（麦の会編、2004。以下引用は断らない限りすべて同書による）

子どもたちが「見られたくない」「恥ずかしい」と感じる養護学級の状況、それは「人のいやがることを進んですることがこの子たちには大切だ」という発想の下、「作業学習」と称してとりくまれていた学級の教育内容に由来するものでした。東中学校養護学級がこの時とりくんでいたのは、学校中の便所掃除、それから校舎建て替えで屋根から下ろした瓦の片付け、近所の工場からもらってきたハンダ付けの下請け作業、粘土細工も下請けで、近所の神社の縁日で売るきつねのお面作り…。

「これでは子どもはよくならない」と考えた田村さんは、2年目には教室を二階の一番明るい教室に移すとともに、「教科担任制の導入」と称して、美術は○○さん、音楽は□□さん、理科は△△さんと、各教科担当者の中で最も力のある先生たちに、養護学級の授業を受け持ってもらうことにします。美術と理科のとりくみを紹介しましょう。

井上さんはね、写生をやったですよ、一番はじめ。それで、子どもにね、自分の靴を描かせた…。靴描くと、ひもがうんと難しかったってんさね。それから二度目にはね、うちの方は養蚕地帯だから、桑の葉っぱを描かせた。そうするとこの子たちは、葉っぱの重なり、これが大変おおごとだ〔難しい―筆者補〕と、話してくれた。それからね、友だちを描かせて、そのうちに働く人を描かせた。うちの父ちゃんや母ちゃんの働いている姿を描けと、そういうのをやってましたね。

理科はねえ、「大和さんどうするか」と、「植物の基本と動物の基本を教えてやることできねえか」。そうしたら「先生、顕微鏡を用意すれば子どもに…」、ほら、アヤメだのなんかの、葉っぱの、こういう髄があるがね、「あれを顕微鏡でこういうにやれば、植物ってのは、こういう細胞からなってんが、わからいね」ってんさ。「それでやってくんない」ってんで、「顕微鏡、買うべえじゃねえか」ってんで、特学用の顕微鏡買ってさ…。それからね、「大和さん、コイ見つけてきねえかい」ってんだ。こういう、でかいコイを見つけてきて、みんなして一緒に解剖したん。そうするというと、「人間の身体と同じだねえ」ってんだ。「浮き袋だけはあるけれども、他は先生、みんな同じだねえ」ってんが、コイの解剖でわかったたってんだよねえ。

◆空手が強くなることが人間が強くなることではない

東中学校での田村さんたちのとりくみは、3年目になると新たに担任となった田中先生の下での文学教育や、合唱祭や球技大会などの全校行事に養護学級として参加するとりくみなどにひろがっていきます。養護学級の子どもたちは、最初はこうした行事に「出たくない」と言ったそうですが、担任や音楽、体育の先生が「一所懸命手を入れて」子どもたちに実力をつけ、全校行事への参加を「説得した」といいます。そうした中、4年目にとりくんだ全校の意見発表会で、こんなことがありました。

そういうふうに、だんだん子どもがよくなってきて、一番そういう中で感動したのは、Yってやつがさ、うちが母ちゃんきりいねえんだよね。それで弟が二人いて大変なんだけど、全校の意見発表会ってのをやった。その時に「養護からはおれがやる」っつん だ。それで、Yは何言うかなあと思ってたんだけど、「おれは空手を習ってる」っつん。「空手が強くなればだれにもバカにされねえし、空手が強くなることがおれが強くなると思ってた」ってんだよ。「ところが、養護の学級でいろいろ文章を勉強したり、数学を勉強したりしたら、空手が強くなることが人間が強くなんではなくて、そういうことができるようになることが、人間が強くなるんだということがわかった」、っていうような、おおよそね、そういうことを話した。まあ、こん時は驚いたよね。

いかがでしょうか。学校がどのような文化＝教育内容を用意して、子どもたちを迎えるか。そのことによって、子どもたちは、ある場合には「恥ずかしい」「見られたくない」と感じることもあれば、まったく逆に「そういうことができるようになることが、人間が強くなるんだ」という実感を自らのものにすることもできるのです。

「それで、あなたは何を教えているんかい？」田村さんは、今も私たちに問いかけ続けているようです。最後にもう一言だけ、田村さんの文章を紹介しましょう。

群馬のしごとは、四間五間の教室の中のしごとで運動論がないと批判される。しかし、わたしたちは、教室に入ってくる子どもたちを見ると、その仕事を執拗なまでに追求しないではいられない。教師でなければできないしごと、教師だけがしなくてはならない仕事であるからだ。もちろん障害児の発達は多くの人たちが力を合わせなくてはならない。しかし、子どもたちの学習を健全なものにし、正しい文化をつくり上げる力は、教師の責任以外の何ものでもないと思うのである。…全国各地で数多くの特殊学級が設けられ、それらがさまざまな、きびしい状況の中で運営されている。だから特学に入級することが子どもにとって幸せなのでなく、どんなふうに教育されているかが子どもの幸せをつくっているのである。（田村、1971）

群馬県教組機関誌『文化労働』。東中養護学級生徒の作品が表紙を飾る。

50年近く前の文章ですが、「特学に入級することが子どもにとって幸せなのでなく、どんなふうに教育されているかが子どもの幸せをつくっている」ということばは、特別支援学校、特別支援学級、通級指導教室などで学ぶ子どもが激増する近年の状況に対して、きわめて鋭く問題を提起しているように思います。

2「ほんもの」を選び、本質を手渡す

前節で私は、〈教師のしごととは、子どもの抱える悲しみを深く理解しつつ、同時にそれを乗り越えるための糧になるような、値打ちのある文化を手渡すことだ〉と述べました。私にとってこの規定は、多くの先輩たちの教育実践から学んできたことを私なりに集約した、とても大切な表現です。けれども、これを〈教師のしごとは、日々の授業を通して、子どもたちにものを教えることだ〉と言い換えてしまえば、それはあまりにも常識的な認識だということになってしまうかも知れません。

いや、むしろ逆でしょうか。「何を教えるか」は、学習指導要領や教科書によってあらかじめ決められていると言わざるをえないわが国の学校教育、とりわけ通常の学級の状況を考えれば、「悲しみを乗り越える糧になるような、値打ちのある文化を」などと言われても、若い先生にはピンとこない、という方がリアリティがあるのかも知れません。私たち自身の学校体験を振り返ってみても、他者との競争のなかで、少しでも早く、上手に、たくさんの「正答」を導くことを強いられ、その結果によって、自分の価値や将来の可能性を値踏みされるといった経験の方が多いことは否めません。学校での学びが「生きる糧」になるなどと言うのは、空虚な理想論のように響くことすらあるかも知れません。

しかし、それでも私は、学校における教育活動の主要な舞台である「授業」が「子どもに文化を手渡す」ようなものとなり、その積み重ねが、子どもたちに「悲しみを乗り越え、生きる糧を手渡す」ような質をもつものになっていかなければ、教師が「子どもの味方になる」ことはおぼつかないと思うのです。では、そのためには、授業、とりわけその主たる素材としての教材をどのように考えればよいでしょうか

◆『歩きはじめの算数』に学ぶ

唐突ですが、「未測量」ということばをご存知でしょうか。「測量」ということばは耳に馴染みがあるので、はじめてこのことばに触れた人は「未／測量」と読んで、「測量していないこと」と理解するかも知れません。もちろんそういう用法もあるでしょうが、ここで紹介する「未測量」は「未測」の「量」、すなわち「未だ測られていない／量」のことを言います。養護学校義務制を準備した１９７０年代において、知的障害のある子どもの算数・数学教育に大きな革新をもたらした概念です。

小学校1年生の算数の教科書を見ると、その内容は、1から10までの数の理解（一対一

対応による個数の把握と数詞、数字、10までの数の構成など）から始まって、1学期の間に繰り上がりのない足し算、繰り下がりのない引き算、10より大きい数へと進み、さらに時刻の読みや長さ、体積などをはさみながら、2学期半ばには、繰り上がり・繰り下がりのある足し算・引き算へと進みます。2年生では、1学期に足し算・引き算の筆算、2学期になるとかけ算九九が学習の課題となります。

算数・数学の入門期の内容をこのようなイメージで考えると、その出発点は「1から10までの数の理解」ということになります。認識がここに留まれば、発達に遅れのある子どもに対しても、まず1から5までの数、それがわかれば10までの…と発想することになります。そうは言っても、障害のある子どもの場合、なかなかこうした学習が定着しないことも多く、そうするとフラッシュカードやプリント教材で繰り返し訓練する、という発想になりがちです。他方で、そうした学習が形式的にも成り立たないような子どもの場合、「この子には算数は無理だ」と判断することにもなりかねません。

1960年代の後半、知的障害のある子どもたちのための教育内容の研究を進めた東京都立八王子養護学校では、数学者であり、革新的な算数・数学教育法（「水道方式」）の提唱者でもあった遠山啓さんの参加を得て、右のような算数・数学の教育内容のイメージを大胆に刷新する問題提起をおこないました。先の「未測量」という概念も、そこで提起されたものです。遠山さんと八王子養護学校は、小学校1年生以降の学習内容が成り立っていく基盤となる認識とはなにかを問うなかで、数の認識の背後には量の認識があること、それは、ある測定単位を用いて数値として把握・表示される以前に、「未測量」という水準（大きい―小さい、長い―短い、重い―軽い、多い―少ないなど）で認識されること、数の理解はこの「（未測）量」の認識に基礎づけられていることなどを指摘して、数を教える以前に、「（未測）量」の認識を豊かに育てることが必要だと主張したのです。

同校では、「未測量」に加え、空間・図形認識の基礎として「位置の表象」（ここ―あそこ、上―下、右―左など、平面空間における物の位置関係についての認識）を、さらに、これらの認識を基礎づけるものとして「分析・総合」（多様な属性をもつ対象から、「色は赤」「形は丸」など一つの属性を抽出すること＝分析、逆にこれらの分析によって得た認識を再び組み合わせて、対象を「赤い丸」「青い四角」などととらえ直すこと＝総合）を指導課題として抽出し、この3分野を、既存の算数・数学の学習を基礎づける認識を育むための教育内容（「原数学」）と位置づけました（遠山編、1972）。

『歩きはじめの算数』による問題提起は、その後さまざまに議論され、実践的な検証も経て、大きく発展してきています（その近年の成果として、たとえば麦の会・品川・越野、2017）。また「原数学」や、それをさらに普遍化した「原教科」という考え方についても批判的な検討がなされています（茂木、1990など）。ですから私はここで、八王子養護学校の試みを無条件に礼賛したり、当時の授業構想を今日の教室にそのまま持ち込むことを主張したいのではありません。しかし、既存の算数教育の入門期の内容（たとえば「10までの数」）をそのまま算数教育の下限と見定め、それを習得するまでは、繰り返し訓練する（しかない）という発想を見直し、「数の認識の基礎」を深く問い直すことを通して、「未測量」（＝量の認識の形成）などの指導課題を抽出してきたその考え方は、今日においても深く学ばれる必要があると思うのです。茂木俊彦さんは、こうした努力を「教科という概念と、それが与えるある固定したイメージをいったん壊し（「概念くだき」をし）、通常の教科で扱われる内容の基礎の基礎、そのまた基礎というものを考えて、教科概念を再構成する」試みと評し、そこから学ぶべき教訓として、「発達が遅れているとされる子

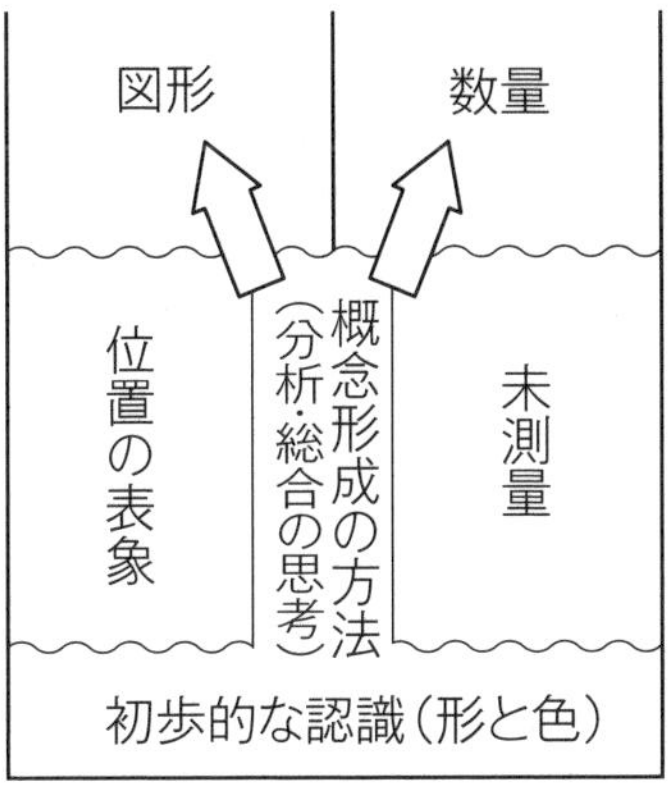

「原数学」の三つの基礎領域
（遠山編（1972）より）

どもたちは、あるいはそういう子どもたちこそ、安易に用意された教科の指導を受けつけず、諸科学についての高度な知識を援用して構成した、いわば『ほんもの』の教科を要求する」ことを指摘しています(茂木、前掲書)。

◆「長距離走」の本質は?

算数・数学を例にとりましたが、右で述べたことはほかの教科でも、いやむしろ、学校で子どもに伝えようとする一つ一つの教育内容のレベルにおいても、あてはめて考えられなければならないことだと思います。

知的障害のある子どもたちの学校でしばしばとりくまれるマラソンを例にとりましょう。体力が乏しかったり、日々の運動量が足りないと考えられる子どもや、肥満傾向の子どもも少なくないなか、先生たちは少しでも多く走らせたいと願い、グラウンドを一周するたびにシールを貼ったり首にリボンをかけたりと、子どもたちを動機づけるさまざまな工夫を考えます。一方で、それでもなかなか走ろうとしない子ども、走ることをいやがる子どもたちを前に、「無理矢理走らせることが本当にこの子のためなのだろうか」と悩んでいる先生もあるかも知れません。ところで、マラソン、あるいは長距離走を通して子どもたちに伝えたいこととはなんでしょうか。長距離走とは、そもそもどういう質をもつ文化なのでしょうか。

実を言うと、私は長いこと、長距離走というのは「しんどさに耐え、がんばって走り抜く」ものだと思っていました。ところが、ある養護学校の保健体育の先生と出会って、こうした認識がまったく的外れであることを知りました。学生時代に長距離走を専門としていたというこの先生によれば、長距離走とは「自分が苦しくないように、気持ちよく走り続けること」であり、そのための出発点は「苦しくならずに走り続けられるペースを見いだし、そのペースを維持すること」なのだそうです。

この先生は、高等部での長距離走の授業を「走る」ことから始めませんでした。5分、あるいは10分と一定の時間を定めて、ともかくその間、「止まらずに動き続けること。最初は無理に走らず歩いてもよい」というのが最初の課題です。そうしてとりくんでみて、「〇分間、止まらずに動き続けられたこと」を子どもたちと確認しながら、少しずつペースを上げることを試みたり、それでしんどいと感じたら、自分でペースを下げたりすることを学んでいくのだといいます。自分の子ども時代の経験から、長距離走とは「しんどくても耐えてがんばる」ことだと思い込んでいた私にとっては、それこそ「目からウロコが落ちる」ような授業との出会いでした。

もちろん、この授業構想も、さまざまな条件をもつ子どもたちに、いつでも適用できるわけではないでしょう。この授業が成り立つためには、自分の身体の状態について認識する力量や、それをフィードバックして自分のペースを調整することのできる力量など、一定の発達的力量が必要です。ですから、私がここで述べたいのは「長距離走はこう授業化する」といったことではありません。長距離走という文化を、「苦しくても耐えてがんばる」ものとみるのか、そうではなく「自分が苦しくないように気持ちよく走り続けること」ととらえるのかによって、子どもたちに「何を伝えるのか」という教材観が大きく異なってくること、それに応じて、「伝えたいこと」を手渡すための授業の構想も、まったくちがったものになってくるということが言いたいのです。そしてこの、教材(ここでは長距離走)の本質をどうつかむかという教師の側の認識を支えているのは、この先生自身が、学生時代に長距離走を専門としていたこと、もっと言えば、長距離走という運動文化の魅力をしっかりとつかんでいたことなのではないかと思うのです。

マラソンも算数も、子どもにとっては時に「苦行」になりがちな教育内容です。勉強は「強いて勉める」こと、マラソンは「しんどくても耐えてがんばること」という私たちの側の「常識」は、こうした傾向に拍車をかける方向で作用します。そうした傾向に歯止めをかけ、長距離走にとりくむことの魅力や、算数・数学という、世界を認識するためにかけがえのない方法の基礎を子どもたちのものにしていくこと、そのためには、それぞれの教育内容の本質に分け入って、その教材ならではの魅力をつかみだし、それを子どもたちに伝える授業を構想する教師の教材研究が欠かせません。教材研究をどう深め、教材の本質をどのようにつかみだしてくるかというところにこそ、「子どもにものを教える」しごとが、「文化を手渡す」しごとになるかどうかの分水嶺があるのです。

3　あたりまえの生活を実質的に保障する

子どもたちが抱えるつらさや悲しさを深く聴きとり、そのうちに「幸福に生きたい」というねがいを読み取ること、子どもたちが、自らの悲しみを乗り越えていくための糧になるような豊かな文化を手渡すこと、そのためにも、一つひとつの教材を深く吟味し、その文化の「教えるに足る」値打ち＝本質をつかんで、それを手渡すための授業のありようを構想すること…。前節までで述べてきたこれらのことは、子どもたちの幸福と発達をねがい、自らの仕事がその実現に寄与することをねがってとりくまれてきた大勢の先輩たちの教育実践に学びながら、「教師のしごと」について考えてきた、私自身の思考過程の現時点での「まとめ」にあたります。「教師のしごと」について考えることは、言い換えれば「教師の専門性」を考えることでもあります。障害児教育における「教師の専門性」は、この間大きく揺さぶられてきたように私は感じています。

◆障害児教育の専門性を考える

障害児教育をめぐる近年のキーワードの一つは「ニーズ」ということばです。1970年代後半のイギリスにおける特殊教育改革のキー概念であった（特別な／教育的）「ニーズ」ということばは、2000年代になると、「一人ひとりのニーズを把握し、適切な指導と必要な支援を行う特別支援教育へ」といわれるように、わが国の「特殊教育」改革のキーワードにもなりました。

「特別な教育的ニーズ」という概念は、従来の「特殊教育」制度の問題点を検討する上では一定の分析力をもつ有効な概念です。しかし、それを転じて「教師のしごとは子どものニーズに応えること」と規定してしまうと、大切ななにかがこぼれ落ちてしまうように思います。「ニーズに応える支援」をモザイクのように貼り合わせれば、それで子どもたちの発達を保障することができるのでしょうか。

こんな発言を耳にしたこともあります。「盲学校の専門性は触察と点字、歩行訓練、ろう学校の専門性は手話あるいは口話と日本語の獲得、肢体不自由養護学校では各種機能訓練、病弱養護学校では病識の形成…。しかし知的障害児教育では、これらに対応するような内容が明確でなく、専門性が確立していないのではないか」。

列挙されていることは、いずれも大切な内容ですし、それぞれの学校の固有性を端的に表すものでもあるでしょう。けれども、これらこそが障害児教育の専門性だと言ってしまってよいでしょうか。あるいは、それを反転させて、知的障害教育には専門性が欠如しているかのように言うことに妥当性はあるのでしょうか。

そんな話をしていたら、「それも確かに大事だけど…。でもそれは、いわば〈目に見える専門性〉ですよね。盲学校には、点字や触察、歩行訓練などが成り立つための〈目に見えない専門性〉があるんです」と話してくれる先生に出会いました。大阪市立盲学校（以下「大阪市盲」。なお2016年の「府立移管」により現在は大阪府立大阪北視覚支援学校）の今井理知子さんです。

◆幼児期は輝かしい時代

大阪市盲の幼稚部に長く勤務された今井さんは、「子どもたちにとっての幼児期」は「『新しいこととの出会いの連続』といってもいい輝かしい時代」と述べた後、次のように記しています。

視覚に障害をもっている子どもたちも同じです。視覚に障害があっても、新しいことにたくさん出会い、それを体いっぱい、心いっぱい受けとめ、「何でも知りたい。何でもやってみたい」、そんな意欲にあふれた生活を子どもたちとともに幼稚部でつくって

いきたいと考えて、日々実践に取り組んできました。（今井、2006）

同校幼稚部の保育カリキュラムには、自由遊び、音楽・リズム、絵本・お話遊び、お散歩、リトミック、素材遊び、生活自立にむけた身辺自立のとりくみと、一見、通常の幼児教育と変わらない活動が並んでいます。しかし、この「なんの変哲もない」ように見える活動を、視覚に障害のある子どもたちにしっかりと手渡すために、今井さんたちは日々の保育のありようをじつにていねいに吟味してきたのです。「お散歩」の一場面を紹介しましょう。

…学校近くの遊歩道の人工せせらぎに行って石を投げたときのことです。手に持っているのは、三個の石です。「ボッチャン」という音が楽しくて次々に投げ込みます。あっという間に石はなくなります。もっとしたい子どもたちに、先生が言います。「もうないよ。石はどこにあるのかな。探してみようか」。水に手を突っ込んで、自分の投げた石を見つけます。もっともっと石を投げたい子どもたちは、必死で水の中の石を探します。そして何回も何回も投げ込んだのでした。「一度手から放たれたものもどこかに存在していること」を子どもたちはわかってくれたでしょうか！　また、上流から葉っぱを流します。水の流れに乗って葉っぱが流れてきます。その葉っぱが、行き止まりの所に止まっています。「あれ、さっき放った葉っぱがここにあるわ」と、先生がいいます。

「え、なんで」という顔の子どもたち。「さっき放ったところとは違うのに、何で同じ葉っぱがあるんやろ。あ、そうか、流れてきたんだ」と先生。それから「葉っぱ流し遊び」。流れてくる葉っぱにさわろうとして、みんな地面にうつぶせて手を一生懸命のばしたのでした。

小川に行って小石を投げ、葉っぱを流す。障害のない子どもの生活においてもしばしばみられる光景だと思います。しかし、同じように石を投げたとしても、その活動から受け取る「経験」は、障害の有無によって大きく異なります。自分の手から離れた石がどんな軌跡を描き、どのタイミングで（いや、むしろなぜ）「ボッチャン」と音がするのか、「ボッチャン」の後、石はどこに行くのかなど、目の見える子どもたちが当たり前に受け取っている情報が、視覚障害のある子どもの場合、その活動（石を投げる）だけではわからないのです。だからこそ今井さんたちは、「石はどこにあるのかな」と子どもたちにたずね、水に手を突っ込んで探すことを意図的に促しているのだと思います。

このように、一見障害のない子どもと同じ活動をしているように見える場面をていねいに吟味し、とりわけ、そこでの活動から子どもたちがどんな経験を受け取っているのかを検討して、「受け取りにくいこと」については、場面設定や働きかけを工夫して意図的に手渡していく。こうしたとりくみがあってこそ、子どもたちは、障害ゆえに生じがちな経験の乏しさを補って、「新しいこととの出会いの連続」「輝ける時代」という質をもった生活を享受することができます。そして、そうした生活の組織化があってこそ、視覚障害をもちながら幼児期を生きる子どもたちも、「何でも知りたい。何でもやってみたい」という意欲を育んでいくことができるのです。

こうした生活の質の享受と、それを不可欠の源泉とする外界への関心や意欲の形成があって初めて、「手をのばして外界の様子を知りたい」という「触察」につながる要求が育ちます。「葉っぱ流し遊び」の場面で「地面にうつぶせて手を一生懸命のばす」す子どもたちの姿はこのことを雄弁に語っています。「明日も先生とお散歩に行きたい」という「歩行」への要求も、毎日の「散歩」が「新しいこととの出会いの連続」になるように組織されていてこそ育つのでしょう。幼児期にふさわしい「生活の質」の享受と、それによる意欲の形成こそ、今井さんたちが培ってきた〈目に見えない専門性〉なのだと思います。

◆教育課程を生活づくりとして発想する

大阪市盲幼稚部の保育内容づくりのとりくみを通して、「ニーズに応える支援」をモザイク的に貼り付けるような発想に欠けているものが見えてきます。子どもたちの発達の源泉は、それぞれの年齢段階（ライフステージ）における毎日の生活が、その時期にふさわしい「質」をもって用意されることであり、そうした生活のなかでこそ、子どもたちは発達に必要な栄養をみずからのうちに取り入れていくのです。

それぞれの時期にふさわしい「生活の質」といっても、その内容は、障害のない子どもの生活においては必ずしも意識されないような「当たり前」のことが多いかも知れません。しかし、障害がある場合、放っておいたのでは、そうした「生活の質」を享受することが難しい場合があります。だからこそ、障害児教育にとりくむ教師たちは、通常の教育では必ずしも意識されない、ライフステージの各時期の「生活の質」に意識的な吟味を加え、その「生活の質」を「実質的に手渡す」ための具体的な手立てを創り出そうとしてきたのではないでしょうか。

では、各ライフステージにふさわしい「生活の質」とは、どのようにイメージしたらよいでしょう。はじめて「学校」というものに出会う子ども期にふさわしい生活とはどんなものでしょうか。学校生活になじむとともに、身体と心の巨大な変化に直面し始める思春期にふさわしい生活、「大人」としての社会との関係の編み直しという課題に向き合い始める青年期にふさわしい生活とは、それぞれどのようなものでしょうか。

ここまで書いておいて申し訳ないのですが、それぞれのライフステージについて、「幼児期は新しいこととの出会いの連続／輝ける時代」という今井さんの表現のような端的な規定をすることが今の私にはできません。それでも、子どもたちが生きるそれぞれの時期の固有性に注目し、各時期に用意すべき生活のありようを、「子どもらしい生活」「青年期にふさわしい生活」といったことばでイメージしてみること、学校が用意する個々の教育内容を、その「生活」を満たす成分として吟味してみることが大切なのではないか、と問題を提起してみたいのです。

前節で触れた算数・数学や長距離走などの体育の分野の内容をはじめ、身のまわりの世界をある観点から切り取ってとらえ、それを相互に交流する道具としての言語も、自然や社会の諸現象とそれを把握するための自然科学・社会科学の初歩的内容も、絵本や文学、あるいは音楽や絵画・造形表現など芸術分野の内容も、学齢期の子どもたちに必要な「生活の質」を形成する成分として適切に位置づけられてこそ、子どもたちの発達に寄与するものになるのだと思います。それぞれの時期にふさわしい大人との関係、友だちとの関係も「生活の質」の必須成分です。こうした「生活の質」を構成する各成分のありようと、その組み合わせのあり方を、当該ライフステージに必要な「生活の質」という観点から吟味し、子どもたちの毎日の生活を創り出していくこと、これこそが、子どもたちの毎日の生活を預かる「学校」という場の欠かせない役割です。そして、それを意識的に吟味し、より豊かなものに組織していくことこそ、「教育課程をつくる」というしごとの、最も基礎に位置づけられるべきことなのではないでしょうか。

Ⅲ

障害をもって生きる
社会の主人公を育てる

1　障害をもって生きる社会の主人公を育てる

子どもたちの悲しみを深く聴きとり、そのうちに秘められたねがいに応える豊かな文化を手渡すこと。ここまでで述べてきたことを、思い切って要約すればこのようになります。そして、これらのことは、教育が「権利としての教育」として成立していくために欠かしてはならない大切な柱であり、それは、実は障害のない子ども・青年の場合にも共通するものだと私は考えています。

ところで、障害のある子どもの教育を考える上では、これら二つの柱に加え、もう一つ、はずしてはならない柱があります。それは「障害をもって生きる社会の主人公を育てる」という柱です。

◆障害をもって生きる社会の主人公と教育

言うまでもなく、障害のある子どもたちは、「障害」をもって毎日を暮らしています。

機能障害（身体および精神の構造・機能上の「障害」のこと。以下では障害者権利条約などを踏まえ「機能障害」と「障害」の区別を意識して表記します）の状態は、医療や日々の生活のありようなどによって可変的な性格をもちますし、機能障害が、社会的障壁との相互作用を通して、その子の暮らしに対してもたらす影響（それが権利の行使を制約する方向で作用することを「機能障害」と区別して「障害」と呼びます）までを視野に入れるならば、その実際のありようは、子ども自身の成長・発達によっても、また社会的障壁のありようによっても大きく変化します。ですから、機能障害についても、「障害」についても、それらを固定的にとらえることには慎重である必要があるのですが、にも関わらず、子どもたちのもつ（機能）障害は、多くの場合ゼロにはなりません。この子たちは障害をもち、障害とつきあいながら、みずからの人生を生きていく子どもたちです。そうであれば、そうした子どもたちのための教育は、「障害をもちながら生きる社会の主人公」を育てる、という課題を引き受けることに自覚的でなければならないでしょう。

こうした認識は、実は学校教育法などにも表現されています。条文を見てみましょう。

特別支援学校は、（中略）幼稚園、小学校、中学校又は高等学校に準ずる教育を施すとともに、障害による学習上又は生活上の困難を克服し自立を図るために必要な知識技能を授けることを目的とする。（第72条）

特別支援学校の目的を示した右の条文では、まず、幼稚園、小学校、中学校、高等学校に「準ずる教育」（この「準ずる」に関しても長い議論の歴史があるのですが、ここでは同法の「準ずる」は、通常の学校と「同等の」と解すべき、という荒川智さんの解釈を示すに止めます（荒川、１９９５））を行うことを示し、それと併せて、「障害による…困難を克服し自立を図るために必要な知識技能」を教授すべきことを述べています。この条文は、「特別支援教育への転換」を意図した二〇〇六年の法改正で表現を改められたものですが、それ以前においても（表現の適否は別にして）「欠陥を補うために必要な知識技能」として、同様の趣旨が示されていました。特別支援学校（旧・盲・聾・養護学校）の目的を「準ずる教育」と「障害による…困難を克服するための知識技能」の教授の二つで規定するという構造は、一九四七年の学校教育法制定までさかのぼることができる考え方です。

そして、この「障害による…困難を克服するための知識技能」という、障害児教育に固有の教育課題に応えるのが、現行の教育課程上では「自立活動」だとされています。前節で述べた「盲学校の専門性は触察と点字、歩行訓練…」といった考え方は、この「自立活動」領域に位置づく教育内容とその指導法こそ、特別支援教育の専門性だ、という考え方を表したものとも言えるでしょう。こうした考え方が孕む問題点についてはすでに触れましたが、本節では、改めてこの「障害による…困難を克服するための知識技能」について考えてみたいと思います。

◆「ぼくの電動車いす」の実践に学ぶ

「障害による…困難を克服するための知識技能」と一口に言いますが、これを、障害をもって日々を生きている子どもたちの側からとらえると、どのようなことが見えてくるでしょうか。このことを考える上で、島根県の病弱養護学校の教師だった野津保さんの実践記録は多くのことを教えてくれます（野津、２０１５）。

野津さんが担任する小学部5年生のAくんは、隣接する病院と学校の間をバギーで押してもらって登下校していました。おなじ病棟の中高生たちが電動車いすで移動する姿に触れることの多いAくんは、「ぼくも電動車いすに早く乗ってみたい」というねがいをもっています。野津さんがその理由をたずねると、「だって、自分の好きなところにいけるもん」とのことでした。

そんなAくんに、電動車いすへの移行の時期がやってきます。野津さんは「誰かに押してもらって移動していたAにとっては、自分の意思で自由に移動できる電動車いすに乗り換えていくことは大きな転機」になるととらえ、「電動車いすの製作過程に沿いながら、自分の身体や電動車いすの機能についての学習」を設定しました。

「ぼくの電動車いす」の学習は、まず「現在のバギーに施されている工夫」を調べるところから始まり、「なぜ、そのような工夫がなされているか」を考えることで、Aくんが自分の身体を見つめるところへと進みます。この学習のまとめとしてAくんが書いた「ぼくのできること」という詩を紹介しましょう。

ぼくのできること

ぼくは頭がたおれてしまったら
　自分で頭をおこせない
ぼくは背骨が曲がっているから
　一人ですわれない
ぼくはうでをあげる力が弱いから
　おもいっきり動かすことができない
でも
頭のまわりに支えがあると
　たおれずに前を見ることができる
背もたれやまくらやベルトがあると
　一人ですわることができる
テーブルや肘おきがあると

手を動かすことができる
ペンで字を書くことができる
筆で絵をかくことができる
ハサミで紙を切ることができる
のりでつけることができる
ねん土をこねることができる
風船をうつことができる
バットでボールをうつことができる
いっぱい手を使うことができる
ぼくは車イスを押してもらわないと
　どこにも行くことができない
だけど
電動車になると
　自分で行きたいところに行くことができる
電動車がきたら
　一人で外に行ってみたいなあ

自分の身体の、たくさんの「できないこと」を見つめながら、「でも／頭のまわりに支え［バギーのヘッドレスト］があると…」、「背もたれやまくらやベルトがあると…」、「テーブルや肘おきがあると…」と、Aくんは、自分が使っているバギーのさまざまな「工夫」の意味と「支えがあるとできること」に気づき、「だけど／電動車になると…」と、新しい電動車いすへの期待を高めていきます（この過程には教師である野津さんの実に綿密な指導があります。実践記録をぜひ参照してください）。

そうした学びを経て、Aくんは新しい「ぼくの電動車いす」について、「急ブレーキをかけたときに、ガクッとならない」（頭のガード）、「ゆっくりスタートして、ゆっくり止まる」（スピードの調節）など、「こうしてほしい」という要求を具体化していきます。野津さんは、この「Aの要望を手紙に書いて、製作するT工房に直接出かけていって手渡す機会を設け、「もともと、ていねいに障害のある方本人の願いを受けとめた車いす作りに取り組んでいる」車いす工房の人たちにAくんを出会わせます。さらに、電動車いす製作の各過程に関わった人たち（医師や訓練士、家族や学校の教職員など）についてもていねいに振り返るなかで（図参照）、Aくんは「これは、ぼくの車いすだけど、ぼくだけの車いすじゃないね」と感じるようになっていきました。こうしたとりくみを経て電動車いすを使うようになったAくんと野津さんは、翌年には「一見『自由に動きまわる生活』の中に、Aなりに緊張感をもって電動車いすを操作している場面がある」ことに気づき、「私たちの学校は、バリアフリーになっているか」という学習へと展開していきます。

◆障害による困難を補うことは文化

野津さんの実践記録において、（バギーや電動車いすの）「工夫」や「機能」として言及されていることがら、あるいはより一般化すれば、「支えがあればできること」という場合の「支え」ということばで示されることがらは、Aくんが、できるだけ不安や苦痛なく、自由度の高い生活を送れるように、さまざまな専門家が、Aくんの機能障害の状態をふまえつつ、自らの専門性を傾注して提供してきたものです。そしてそれらは、当然のことながら、自然のなかにあらかじめ存在したものではなく、「ていねいに障害のある方本人の願いを受けとめた車いす作りにと

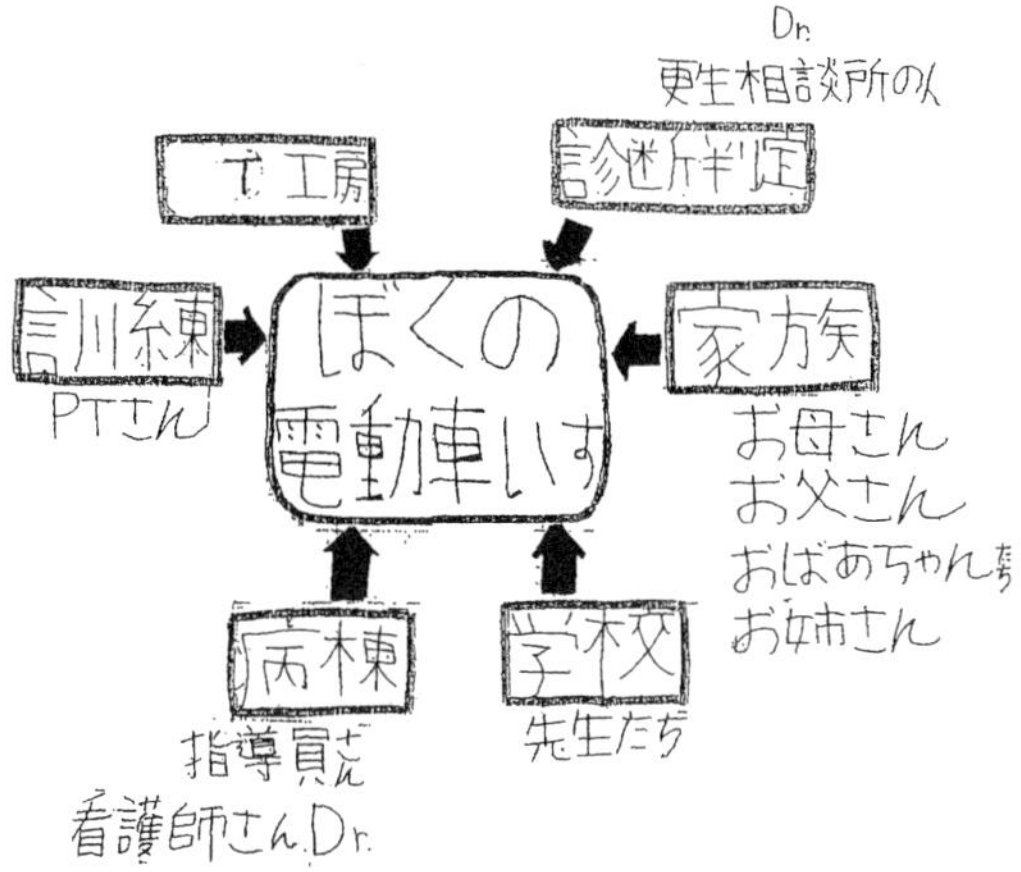

図：ぼくの電動車いすを応援してくれる人たち
（野津（2015）より）

りくんでいる」T工房、という野津さんの表現に象徴されるように、障害のある人たちのねがいを見つめ、そのねがいを実現するために重ねられてきた努力が生み出した歴史的産物＝文化に他なりません。「障害による…困難を克服するための知識技能」とは、障害のある人たちの人間らしい生活を実現するために、人類が努力を重ねて生み出してきた文化なのだということを、野津さんの実践記録は、きわめて明瞭に示しているように思います。

「障害による…困難を克服するための知識技能」が、障害をもって生きる人たちの困難を軽減して、人間らしい生活を実現するための文化だということは、「自立活動」という領域の指導も、「文化を手渡す」という学校教育の原則的なすじみちに位置づけることができるし、位置づけなければならないということです。もちろん、この指導領域は、障害がある場合に必要となる固有の領域ですから、「準ずる課程」のうちに位置づく「教科」等とはひとまず区別して概念化される必要があることは認めてよいでしょう。しかし、「自立活動」を「教科」等と区別して概念化するということは、それを「訓練」（「自立活動」はかつては「養護・訓練」と呼称されていました）などと位置づけて、「教科」などとは異なる指導原則に従わせてよいということではありません。「障害による…困難を克服するための知識技能」の教授は、障害のある人たちが人間らしく暮らし、生きるために必要な文化として、子どもたちが文化と出会い、それをわがものにするすじみちにしっかり位置づけられて、教育実践として構想される必要があるのだと思います。

2 合理的配慮を考える

私は前節において、障害がある場合の教育に固有の課題を、「障害をもって生きる社会の主人公を育てる」ということばで示し、学校教育法などのいう「障害による…困難を克服するための知識技能」をどう理解するかという問いと関わって、野津保さんの実践記録を紹介しました。実践記録の中で、私がとりわけ注目したのは、野津さんとの学びを通して育まれた、「これは、ぼくの車いすだけど、ぼくだけの車いすじゃない」というAくんの認識です。Aくんのこの認識は、Aくんが、自分（たち）の機能障害を補うためのさまざまな「工夫」を生み出す専門家と、その下に蓄積された専門的な技術の存在に気づきはじめている姿だと考えたからです。Aくんのこのことばをよりどころとして、私は、「障害による…困難を克服するための知識技能」とは、障害のある人たちの人間らしい暮らしを実現するために、人類が努力を重ねて生み出してきた文化にほかならず、それを子どもたちに伝える教育実践は、「子どもに文化を手渡す」という教育実践の原則的なすじみちに位置づけて構想されるべきだと述べたのでした。

◆「障害による困難」と社会制度

ところで、電動車いすとの出会いという場面を例にとったことで、「障害による…困難を克服するための知識技能」の内容を、(人間)工学的な技術としてイメージされた方もあるかも知れません。もちろん、そのような技術やその背景をなす諸科学は、機能障害を一つの要因としてもたらされる日常生活・社会生活上の困難を軽減していく上できわめて重要です。しかし、いくら工学上の技術が進歩しても、それを生かして生産される電動車いすなどが高価だったり、入手する際の費用をみずからで賄わなければならないとしたら、せっかくの技術も、ごく限られた人の生活改善にしか寄与しないでしょう。いや、車いすを製作し、多様な機能障害のある人たち一人ひとりにそくして改良していくためには、多様なユーザーがそれを使用し、その結果を技術者にフィードバックすることが欠かせないことを考えれば、先に述べたような状態では、車いす製作技術の進歩自体がおぼつかないかもしれません。

電動車いすを必要とする多くの人が、それを利用できる条件をつくりだしているのは、わが国の現行制度で言えば、障害者総合支援法に根拠をもつ「補装具費支給制度」などの社会制度です。こうした社会制度なしには、電動車いす等の普及も、それにともなう技術自体の発展も実現しません。つまり、「障害による…困難を克服するための知識技能」（＝文化）とは、工学や医学などの技術だけではなく、そうした技術等をみずからの生活に生かす道を多数の障害児者に開くための社会制度なども含んで成り立っているものなのです。

障害者は社会進歩の現段階と諸科学の到達段階および利用上の制約によって、治療困難なしかも社会生活を営む上でもいちじるしく困難な障害とハンディキャップをもっている人びとであるといえる。（田中、１９７５）

これは、田中昌人さんが一九七〇年代半ばにおいて示した「障害者」の定義です。「障害」の概念は20世紀の最後の四半世紀において大きな発展を遂げており、その水準から見れば、右の定義にも不分明なところはあるでしょう。しかし、障害のある人たちの直面する困難を、「社会進歩の現段階」と「諸科学の到達段階」およびその「利用上の制約」という三者との関係でとらえようとする視点は、今日においてもきわめて重要です。

◆合理的配慮ってなに？

「障害による…困難を克服するための知識技能」についての考察を通して、それは、障害のある人たちの人間らしい生活を実現するために重ねられてきた人類の努力の成果としての文化であること、そこには科学技術などばかりではなく、科学技術の成果などを多くの人が利用できるようにするための社会制度なども含まれることを述べてきました。ここで言う社会制度のあり方について、21世紀初頭の段階で人類が到達した一つの水準を示しているのが障害者権利条約（以下「条約」）です。

条約が提起した新しい概念の一つに「合理的配慮」があります。この新しい概念とかかわって、しばしば耳にするのは「合理的配慮とは、学校教育に対して、なにかまったく新しい指導や支援の内容、方法を要請するものなのか」という疑問です。「これまでも、『個に応じた配慮』として、一人ひとりの子どもの実態にそくしたさまざまな指導・支援の工夫をしてきた。『個に応じた配慮』と『合理的配慮』はどうちがうのか」と聞かれたこともありました。みなさんはどう考えますか。

私は、「合理的配慮」とは、学校をはじめとする障害児者の生活にかかわる諸機関に対して、なんらかの目新しい支援・指導やその内容・方法などを求めるものではないと考えています。そうではなくて、「合理的配慮」の概念は、学校などの諸機関と、障害のある当事者（子どもの場合には、その代理人である保護者などを含みます）との関係に、ある変化をもたらすものなのです。条約の条文にそくしてこのことを見てみましょう。

条約はその第二条（定義）において、いくつかの用語を定義しています。ここでまず注目すべきは、「障害に基づく差別」の定義です。条約は次のように述べます。

「障害に基づく差別」とは、障害に基づくあらゆる区別、排除又は制限であって、政治的、経済的、社会的、文化的、市民的その他のあらゆる分野において、他の者との平等を基礎として全ての人権及び基本的自由を認識し、享有し、又は行使することを害し、又は妨げる目的又は効果を有するものをいう。障害に基づく差別には、あらゆる形態の差別（合理的配慮の否定を含む。）を含む。

「障害に基づく差別」とは、障害のある人の生活のあらゆる分野において、当該障害者が「全ての人権及び基本的自由」を認識し、享有（enjoyment）し、実際に行使する、そのことを害し、妨げるような目的もしくは実際上の効果をもつあらゆる「区別、排除、制限」のことを言います。「差別」が権利（の認識・享有・行使）との関係で定義されていること、定義の第二文が、「合理的配慮の否定」を差別の一類型に位置づけていることが重要です。「合理的配慮」とは、なによりも「障害に基づく差別」（＝人権及び基本的自由の認識・享有・行使に対する侵害）との関係でとらえなければならないのです。

次に「合理的配慮」そのものの定義を見てみましょう。

「合理的配慮」とは、障害者が他の者との平等を基礎として全ての人権及び基本的自由を享有し、又は行使することを確保するための必要かつ適当な変更及び調整であって、特定の場合において必要とされるものであり、かつ、均衡を失した又は過度の負担を課さないものをいう。

「差別」が人権および基本的自由の認識・享有・行使を「害し、妨げる」ものであったのに対し、合理的配慮はそれらを享有し、行使することを「確保する」、そのために必要な「変更及び調整」のことを指します。なお、後段の「均衡を失したまたは過度な負担を課さない」という規定が、「合理的」(reasonable)ということばの趣旨であり、そこでは、求められる「変更及び調整」が、それを提供する側にとってあまりにもバランスを欠いたり、負担が大きい場合には、それを提供しなくても差別とはみなされない、ということが含意されています。

◆合理的配慮と学校教育

これらのことを、学校教育場面にあてはめるとどのようなことがいえるでしょうか。学校は、なによりもまず一人ひとりの子どもや青年が、教育を受ける権利を「認識・享有・行使」することを実現するための公的機関です。ですから、学校が個々の子どもに日々提供しているさまざまな指導や支援(「個に応じた配慮」なども含まれます)は、その子どもが、教育を受ける権利を「認識・享有・行使」するために提供されているものと考えられます。そうした「現に提供されている指導・支援」に対して、教育を受ける権利の当事者である子ども（およびその代理人としての保護者）が十分に満足しており、「さらにこういうことをしてほしい」という要求が存在しないならば、そこには「合理的配慮」概念が入り込む余地はありません。

他方で、学校等が、さまざまな指導や支援を提供していたとしても、子ども（および保護者）の側からすると、自身（わが子）が教育を受ける権利を「認識・享有・行使」することが害され、妨げられていると感じられる状況があり、その状況を改めるために、なんらかの「変更及び調整」を求める、という場合もあるでしょう。その場合でも、求められた「変更及び調整」を、学校が支障なく提供できるならば、「合理的配慮」の出番はありません。

一方、要求された「変更及び調整」について、学校の側が、「それはあまりにも負担が大きい」「ほかの子どもへの対応などとの関係で均衡を失する」等々の理由で「提供できない」と判断する場合もありえます。そこに至ってはじめて「合理的配慮」概念が意味をもつことになります。具体的には、子ども（および保護者）が求めた「変更及び調整」が、ほんとうに「均衡を失した又は過度の負担」を、提供する側（学校等）に求めるものであるかどうかが問われることになるのです。

これを判断するのは司法の役割です。そして、司法が「均衡を失したまたは過度の負担」を課すものでないと判断すれば、それを提供しないことは当該障害児に対する「障害に基づく差別」と認定されます。差別は条約の禁ずるところですから（条約は、その「一般原則」を定めた第三条（b）項で「無差別」を謳っています）、その「変更及び調整」が提供されない状況は改められなければなりません。以上が、障害者権利条約が求める「合理的配慮」という概念の骨子です。

ここまで述べてきたことから引き出される最も重要な結論は、学校の側が、あらかじめ個々の子どもに対して、「これがこの子のための合理的配慮である」と定めることはできない、ということです。「合理的配慮」は、現に提供されている指導・支援の内容・方法等について、（それがどれほど充実したものであったとしても）「それ（だけ）では、自身がある権利を認識・享有・行使する上で、十分ではない」と当事者が判断して、現況以上の「変更・調整」を求める際に機能する概念だからです。こうした点をあいまいにして、学校などが、ある子どもに対して「これ（だけ）が、あなたのための合理的配慮ですよ」と、仮にも言うことがあるとすれば、そうした行為自体が、当該の子ども（および保護者）に対して、「権利の認識・享有・行使」を制限するもの（＝障害に基づく差別）にもなりかねないのです。

3 合理的配慮の要求主体を育てる

前節では合理的配慮と教育との関係について考えました。そのひとまずの結論は、学校など、障害のある人の人権に関与する諸機関の側が、個々の子どもに対して、あらかじめ「これがあなたのための合理的配慮です」と定めることはできない、ということでした。

個別の教育支援計画などに「合理的配慮」の欄を設けて、その内容を検討することなどが、教育行政等によって唱道されている例をみかけますが、これは合理的配慮の基本的な意味を理解しないものです。どれだけ手厚い配慮や支援であっても、それが学校の側から提案・実施されるものである限り、それを合理的配慮と呼ぶ意味はありません。学校などが現に提供している指導・支援等に対して、当事者（子どもおよび保護者）の側から「それでは自らの権利を享有・行使することができない」として、現状以上の「変更・調整」を要求する際に、合理的配慮はその固有の意味を発揮するのです。

◆インクルーシブ教育の三つの目的

では合理的配慮に関しては、学校は（保護者などから）「言われたことをする」だけなのでしょうか。このことを考えるために、条約第24条「教育」を見てみましょう。第24条で合理的配慮に直接言及しているのは第2項ですが、ここでは第1項を取り上げます。

締約国は、教育についての障害者の権利を認める。締約国は、この権利を差別なしに、かつ、機会の均等を基礎として実現するため、障害者を包容するあらゆる段階の教育制度及び生涯学習を確保する。当該教育制度及び生涯学習は、次のことを目的とする。

冒頭の一文にまず注目したいと思います。一読して明らかなように、条約第24条は「教育についての障害者の権利」を承認するところから書き始められています。「条約の教育理念はインクルーシブ教育だ」とよく言われます。もちろんそれはまちがいではないのですが、しかし条約におけるインクルーシブ教育（日本政府訳では「障害者を包容する…教育制度及び生涯学習」）は、それ自体が独立したゴールなのではなく、「この権利」、すなわち「教育についての障害者の権利」を「差別なしに、かつ、機会の均等を基礎として実現するため」の方策として提起されているものなのです。

では、条約の求める「権利としての教育」とはどのようなものでしょうか。先の引用の末尾に「次のことを目的とする」とあるように、24条1項は、「教育についての障害者の権利」を実現するためのインクルーシブ教育の目的として、次の3点を示しています。

(a) 人間の潜在能力並びに尊厳及び自己の価値についての意識を十分に発達させ、並びに人権、基本的自由及び人間の多様性の尊重を強化すること。
(b) 障害者が、その人格、才能及び創造力並びに精神的及び身体的な能力をその可能な最大限度まで発達させること。
(c) 障害者が自由な社会に効果的に参加することを可能とすること。

これらの目的の実現に寄与する教育こそ、条約の求めるインクルーシブ教育だ、ということになります。したがって、私たちは、次のように問わなければなりません。すなわち、障害のある子どもたち一人ひとりのうちに、人間の潜在能力（potential―「可能性」とも訳せます）、尊厳、自己の価値についての意識を発達させ、人権と基本的自由、さらに人間の多様性に対する尊重（respect）を培っていくために必要な教育のあり方とはどのようなものか、人格と才能と創造力、そして精神的・身体的な能力の「可能な最大限度まで発達」はどのような条件の下で可能になるのか、自由な社会に効果的に（effectively＝

「影響を与えるような仕方で」）参加していくことのできる主体を育てる教育とはどのようなものか、と。

◆合理的配慮の要求主体を育てる

このように考えてくると、合理的配慮に関わって、教育が果たすべき役割が見えてきます。それは、子どもたちを「合理的配慮の要求主体に育てる」という役割です。

障害のある子どもたちが、自分（たち）にはさまざまな可能性（潜在能力）があり、自分は一人の人間として大切にされるねうちのある存在だと実感できる（尊厳及び自己の価値についての意識）ためには、「ぼくの電動車いす」のA君の詩「ぼくのできること」（78ページ）のように、「○○があると△△できる」と、みずからの機能障害を補うためのさまざまな「工夫」の存在と、それによってさまざまな力を発揮することのできる自分とをとらえていくような学びの過程が必要です。「○○があると△△ができる」と書きましたが、合理的配慮（人権及び基本的自由を享有し、行使するために必要な変更及び調整）も、この「○○」のうちに含まれます。子どもたちは、この「○○」（＝合理的配慮）の意味と必要性を知り、必要な場面にはそれを要求することができてこそ、「人権及び基本的自由」という観念をリスペクト（尊重）できるのではないでしょうか。

合理的配慮を含む、機能障害を補うための「工夫」や「変更・調整」の具体的な内容は、機能障害の状態の多様性などに由来して多様です。それが、自分の場合にも、同級生など身近な他者の場合にも、それぞれの必要に応じてしっかりと提供される経験が積み重ねられてこそ、子どもたちは、「多様性の尊重」という価値観を真にわがものとすることができるでしょう。

そして、障害のある子どもたちが「自由な社会に効果的に参加」していくためには、それぞれの「参加」の場面に応じて、必要な「変更及び調整」がなされなければなりません。それをしっかりと要求し、かちとっていく力こそ、「自由な社会に効果的に参加することを可能とする」力にほかならないのです。

そもそも教育とは人を育てる営みであり、それは今日の社会においては、人権を行使する主体を育てることにほかなりません。このことを指して、教育の権利は「人権中の人権」とも言われます。障害者権利条約は、障害のある場合の人権および基本的自由の認識・享有・行使のための必要条件として合理的配慮を提示しました。そうであるならば、人権を行使する主体を育てる営みとしての教育は、障害がある場合には、その子ども一人ひとりを「合理的配慮の要求主体に育てる」営みとして具体化されなければならないのです。

繰り返しますが、わが国の教育が、条約のいう合理的配慮をしっかりと踏まえたものになっていくための課題は、個別の教育支援計画などに「合理的配慮」の欄を設けるというようなことではありません。必要なのは、教育の過程全体が、障害のある一人ひとりの子ども・青年を、「合理的配慮の要求主体に育てる」という課題に正面から向き合うものになっていくことなのです。

◆教育実践に求められること

では、そのために教育はどのようなものであればよいのでしょうか。この問いに対する私の答えは、すでにこれまで論述を通して述べてきたつもりです。

子どもたちの抱えるつらさや悲しみを深く聴きとり、そのうちに人間らしく生きたいというねがいを読みとること。子どもたちのねがいに応え、生きることを励ます糧になるようなねうちのある文化を手渡すとりくみを通して、ライフステージのそれぞれの時期にふさわしい「生活の質」を実質的に保障すること。子どもたちの人間らしい生活の不可欠の構成要素として、「障害を補うための文化」をも手渡していくこと。こうしたとりくみが、相互に結びつきあいながら、子どもたちの日々の生活を満たしていくことによって、子どもたちは、人間らしく、すなわち権利の主体として生きていくことへのねがいを育て、そのねがいを実現するために必要な「変更及び調整」をも、ねばり強く要求し、実現していく力と構えをみずからのものにしていくのではないでしょうか。

このことを示す一つのエピソードとして、池田江美子さん（埼玉・麦の会）が担任したカズヨシ君のつぶやきを紹介したいと思います。カズヨシ君は小学校4年生までを通常学級ですごし、5年生の1学期から池田さんが担任するあおぞら学級（障害児学級）に入級してきました。転勤したての池田さんが始業式で彼の様子を見ていると、校歌斉唱の際に口は動いているけれども声が出ていない。歌詞を覚えることができず、自信をもって歌えなかったのです。

そんなカズヨシ君が2年間を池田さんの学級ですごし、卒業も間際になったある日のこと、漢字練習をしながらふと「先生、実は、ぼくは、小さいときからいろんなことがわからなかったので、ずっといやだなと思っていたんです」とつぶやきます。池田さんが「そう…、一番いやだったのは、何?」とたずねると「音楽です」。（そうだよね。校歌も歌えなかったものね…）と内心で思いながら、「今はどう?」とたずねると、カズヨシ君は「今はちがいます」と応えたとのことでした（池田、２００２）。

このエピソードを聴いて私は、カズヨシ君は「小さいときから…ずっといやだなと思っていた」と言っているけれども、実は、まさにこの時に、そのことを自覚したということだったのではないかと感じました。小さいときからいろんな場面でおもしろくなかったり、モヤモヤしていたけれど、それは「いろんなことがわからなかった」から「いやだなと思っていたんだ」と気づき、それが思わず口に出たということだったのではないかと思ったのです。

ではなぜカズヨシ君はこのようなことに気づいたのでしょうか。その背景には、「今はちがいます」と言える生活があります。具体的に紹介できないのが残念ですが、国語でも算数でも体育でも音楽でも、あるいはさまざまな行事や通常学級との交流でも、自分に合った学びがいのある活動にとりくみ、そうした毎日の生活のなかで、「いろいろなこと」がわかったり、できるようになることの喜びとねうちを自分のうちに積み上げていくような、池田さんの学級での生活です。そうした毎日の生活があったからこそ、カズヨシ君はそれとの対比で「小さいとき」のことを振り返り、「あれはいろんなことがわからなくていやだと感じていたんだ」と気づいたのではないかと思うのです。

この「わかって嬉しい」という経験と、その経験を基礎として自覚される「わからなくていやだ」という感情こそ、その「いや」な状況を乗り越えて、「わかる・できる」ことを求め、「合理的配慮」などを要求する最も深部の力です。そうした力を、子どもたち一人ひとりのものにしていくためにこそ、教育には「いろいろなこと」がわかったり、できるようになることの喜びとねうちを、毎日たっぷりと子どもたちに手渡していくことが求められるのだと思うのです。

Ⅳ

教師にあこがれと
自分の頭で考える自由を

1　試行錯誤を励ます学校を

ここまで、障害のある子どもの教育にそくして「教師のしごと」について考えてきました。この章では、その「教師のしごと」を発展させ、あるいは制約する環境、とりわけ「学校」という職場のあり方について考えてみたいと思います。

◆個別の指導計画に潜む教育観

「個別の指導計画」や「個別の教育支援計画」など、子ども一人ひとりに即して指導や支援の計画をつくることが、障害児教育の現場で「当たり前のこと」になってもう何年になるでしょうか。20代、30代の先生方にとっては、これらの個別計画は、教師として働き始めた時から「当たり前」のものとして職場にあったものかも知れません。

もちろん、子ども一人ひとりをていねいに見つめること、日々の教育実践において、教師が準備した教育内容を、一人ひとりの子どもたちに確実に手渡すことができているのかを確かめていくことは大切です。けれども、右にあげた各種の個別計画、とりわけそこにおける「長期目標―短期目標」ということばに象徴される発想には、教育実践を萎縮させ、そののびやかな展開を抑制する作用があるように思うのです。

「長期目標」ということで、たとえば一年を単位として子どもにつけたい力を考え、一年後の子どもたちに「こうなってほしい」という姿を考えます。そして、そこに到達するために、日々の教育活動でどのような内容を設定し、どんな活動を通してどんな力をつけるのかと、「短期目標」に具体化していきます。こう書くと至極当然のことのようですが、そこにはある教育実践観が潜在しています。より大きな到達目標を、細かな具体目標に分解し、スモールステップ化して、それらを積み上げていくことで「長期」の目標に到達しようとする発想です。しかし、そもそも、人間が発達するというのは、このように小さな部品を一つ一つ組み合わせて「完成品」に向かっていくようなものなのでしょうか。教育をそのように発想することで見落とされてしまうことはないでしょうか。

教師というしごとの大きな特徴は、特定の子どもたちと毎日の生活をともにし、その生活のなかで生じるさまざまな出来事を介して子どもに働きかけ、働きかけることを通して、その子どもをより深く知っていくというところにあります。このことに関連して、茂木俊彦さんは、教師に固有の子ども理解の方法を「教える中でつかむ」ということばで述べたことがあります。

……いまここで私が強調したいのは、実践をよりすぐれたものにしていき、そのことによって子どもの変化・発達の事実をひき出し、それをとおして子どもをつかむということを、……テストや調査などをふくむ種々の子ども把握の視点と方法の中でも、もっとも重要なものとして位置づけていこうではないか、ということである。教師は実践のあり方を創造的に探求し、教えることによって、そのもとで活動し、あらたな発達をかちとっていく子どもをつかみ、さらにつかみ直しつづけるべきだ。いったん確認したものを、実践による新しい発見をすることによって否定する――ここに教師による子ども把握の核心がなければならないだろう。（茂木、1984）

「教える」こと、あるいはもう少し広げていえば「働きかける」ことによって子どもたちのさまざまな活動を促し、そのようにして生み出された子どもたちの活動を通して、子どものねがいと発達的な力量、さらには次なる発達への兆しなどをつかんでいく、これが教師ならではの子ども理解の方法だと茂木さんは言います。このことは、言い換えれば、教えてみる、働きかけてみるまでは、子どものことは、本当にはわからない、ということでもあります。

もちろん、実践の出発点にあって、教師は目の前の子どもの「実態」をできるかぎり明らかにして、そこに働きかけるための教材や教育方法を準備するでしょう。しかし、そこでとらえられた「実態」についての認識は、あくまでも仮説的・暫定的なものに過ぎず、実践の過程を通して、その仮説そのものが吟味され、時には否定もされて、更新されていく。教育実践の下における子ども理解とは、そもそもそうした性質をもつものなのです。

こう考えてくると、先の「長期目標―短期目標」という発想に潜む一つの問題点が見えてきます。個別の指導計画などの背後にある教育実践観は、実践の出発点における子どもの「実態」把握の仮説性や、実践のプロセスを通したその深化という契機に対する認識を欠いているのです。これは、さらに言えば、実践を通して子ども理解を深め、教育実践の目標や内容、方法を吟味・更新していく実践者の主体性を適切に位置づけることができていない、ということでもあります。

◆試行錯誤をつらぬく力

教師は実践を通して子ども理解を深め、教育実践の目標や内容、方法を吟味・更新していくと述べましたが、このプロセスは直線的に進むものではありません。むしろさまざまな試行錯誤、時には暗中模索とすら言いうるようなジグザグのプロセスであることが通常でしょう。それはどんなベテラン教師においても同じです。

たとえば大島悦子さんによる高機能自閉症のえい子さんとの六年間の実践記録（大島、2007）。低学年の時期にはさまざまなことに繰り返し不安を訴え、トラブルも頻発したえい子さんですが、そのたびごとに彼女の訴えをていねいに聴きとってきた大島さんとの関係を支えに、徐々に「障害のある自分」に向き合い、同じすみれ学級（障害児学級）の仲間たちのつらさや不安にも気持ちを向けることのできる力をつけて、4年生の時期には「すみれ学級のリーダー」と目されるほどの成長を見せます。ところが、5年生になると、えい子さんは登校を渋る姿を見せるようになり、ついには5年生の教室（通常学級）にはまったく行かないようになってしまうのです。大島さんは、「しんどくなったんやろ。ええよ、別に」と、彼女の不意の変化を受け容れますが、内心では動揺します。次の引用は大島さんの実践記録に寄せた私の解説の一部です。

…記録は、一読すると淡々と書かれているようにも読めます。しかし、その時々には大島さんも少なからず動揺しているのです。えい子さんが五年生の夏、この記録の原型となった実践をはじめて報告された際には、大島さんは「通常学級にピタッと行かなくなったときには、すっごいショックやった」と述べ、「四年生のときにつけてきた力…は、見せかけやったんかと思いました」とも述べていました。（越野、2007）

右の引用が示すように、この時期、大島さんのえい子さん理解は揺れています。それはある意味では、それまで「わかっていた」（と思っていた）えい子さんのことが、「わからない」と感じられる状況とも言えるでしょう。では、そんなときに大島さんはどうしたか。先の引用に続けて、私は次のように書きました。

まさにその渦中にあった時期の研究会で、私は大島さんの手になるえい子さんの発言やその場面、そこでの大島さん自身の対応や評価を記された克明なメモを見せていただいたことがありました。そんなにたいへんなときに、よくもこれだけの記録が残せるものだと思いましたが、しかし、大島さんにしてみれば、想定していなかったようなたいへんな状況だからこそ、そこに込められたえい子さんのつらさやねがいをなんとか探りあて、彼女に今必要な対応を見つけ出したいと考えられてのことだったのでしょう。

子どもの示す、思ってもいなかった変化を前に、それまでの子ども理解の揺れを内心に抱えながらも、だからこそ、その子との関わりの密度を高め、目の前の子どもが新たに突き出してくる姿のうちに秘められた悲しみやねがいを探ろうとする。こうしたとりくみは口で言うほど簡単なものではありません。子どもや家庭のせい、あるいは「障害特性」のせいにして、「だから仕方ないのだ」と問題から逃げだしたくなることもあるでしょう。しかし、それでは「子どもの味方になる」ことはできません。そのことがわかっているからこそ、大島さんは、えい子さんの変化をまずは受けとめ、彼女との関わりの密度を高めて、彼女の本当のねがいを粘り強く探ろうとするのです。
すぐれた教師とは、はじめから的確な指導目標を設定することができ（そんなことがはたして可能でしょうか）、それを着実に遂行していくような教師のことを言うのではありません。本当に大切なのは、悩むべきことにしっかりと悩めること、時にはすぐに答えの出ない難問に直面しても、「答えが出ないつらさ」と向き合って、考え続けることができる、そうした粘り強さこそが大切なのだと思います。しかし、それは簡単なことではありません。だとすれば、一人ひとりの教師が、そうした粘り強さを培っていくことができるように、学校という職場はそうした努力を励まし合う場にならなければならないのではないでしょうか。

◆若い先生たちへ

若い先生たちの試行錯誤を励ますつもりで書いてきたのですが、かえってむずかしいことを要求する文章になってしまったかもしれません。本節のまとめに代えて、田村勝治さんと長く同じ職場に勤め、群馬の教育研究活動をリードした川野理夫《かわのまさお》さんの文章を贈りたいと思います。

たいていの新任者が一月や二月のあいだはよくたずねる。ところが三月たち四月たつと、まるでたずねなくなる。たずねることがなくなったのではなくて、たずねる材料がみつからなくなってしまうのだ。なんとか適当にやってすごしているうちに、それでいいのだと思い込んでしまうのだ。

すぐれた授業をする教師は、いつでもたくさんの疑問をかかえている。その疑問が新しい実践を創造させ、創造的な実践がまたより深い疑問を投げかけるというように、すぐれた実践には疑問が常につきまとっていなければならないのだ。だから五年でも十年でも、いつまでたってもたずねつづける疑問があるということは、それ自体ひじょうに貴重なことだといっていい。たずねる種があるうちは人間は成長することをやめない。

だれにでもはずかしがらずにたずねてもらいたい。そのうちにはきっと、たずねあう仲間ができるにちがいない。仲間とともに疑問をつくり、ちからをあわせて疑問をときあかしていってもらいたい。その歩みは遅々としていても、疑問を絶やさないかぎり、ゆくてにはあかるい灯がみえるはずだ。（川野、１９７３）

どんなに困難であっても、学校という職場は、「仲間とともに疑問をつくり、ちからをあわせて疑問をときあかして」いく場になっていかなければなりません。そんな学校づくりを一歩ずつでも進めていくために、まずは「たずねあう仲間」と出会ってほしい。全障研をはじめとする自主的なサークルや教職員組合の教育研究活動などが、一人ひとりの実践者にとって、「たずねあう仲間」との出会いの場になることを願ってやみません。

2　教師にあこがれと自分の頭で考える自由を

最後に、本書のタイトルに掲げた「教師にあこがれと自由を」ということについて述べてみたいと思います。

「特別支援教育への転換」が謳われた頃からしばしば耳にすることばがあります。曰く、「名人芸、職人技の障害児教育ではなく、誰もができる科学的な教育を」。

言いたいことはわからないでもありません。「名人」に受け持ってもらえた子どもはいいけれど、そうでなかったら…。そう考えると、「誰もができる」を掲げる方法に飛びつきたくもなります。でも、それでよいのでしょうか。

「名人」「職人」という表現には、「敬して遠ざける」といった冷笑的なニュアンスを感じます。しかし、その実践が本当にすぐれたものだとしたら、それを「誰もができることではない」などと言って簡単に遠ざけてしまってよいのでしょうか。

◆「その子の気持ちになる」が生まれるまで

Ｉ章でも登場いただいた三木裕和さん。現在は鳥取大学の先生ですが、養護学校義務制が施行された時期に兵庫県北部で教師となり、重い障害をもつ子どもたちとの教育実践を切り拓いてきた教師の一人です。

講演などで、三木さんの解説とともに、三木さんが担任した子どもたちの写真を見せてもらうと、話しことばをもたない子どもたちの心の動きが、まさに手にとるように伝わってきます。三木さんくらい、障害の重い子どもの心の動きがわかる教師はいないのではないか、そんな気持ちにもなります。ところが、三木さんの著作を読むと、若い頃の三木さんは、むしろ自分のことを「子どもの気持ちがわからない教師」と感じて苦しんでいたことが書かれています。

…天性のものとでもいうのでしょうか、初めて重症心身障害児に接しても、子どもの気持ちがとてもよく分かる人たちがいるのです。仮に「分かる人」とでも呼びましょう。…残念ながら、私はその才能に恵まれませんでした。

…あるとき、その「分かる人」とでも呼ぶべき先生が子どもを抱っこし、何やら楽しそうにお話をしている場面に出会いました。

…通りかかった私は、子どものいい表情（笑顔というほどではない）に気がつきました。いつもは苦しそうな表情の多い子どもだったので、私はうれしくなって「いい顔してるねえ」とその先生に話しかけました。

…その先生は私の問いかけにあれこれ答えながらも、その時とても困った顔をしておられました。そして、放課後にこうおっしゃったのです。

「ああいうときは話しかけないでほしいんです。私は子どもとお話をしているんですから。せっかく子どもが気持ちを開いているので、子どもと話がしたいんです。子どもの表情を見て、教師同士で喜びあう、そんなかかわり方もあると思うんですけど、そうしたくないんです」

私は返す言葉を失いました。（三木ほか、１９９７）

三木さんは、こうした経験を契機として、「その子の気持ちになる」ということばに集約される子ども理解の方法をつくりだしていきます。その詳細は、ぜひ三木さんの著作から学んでください。ここでは、この「その子の気持ちになる」という方法が、後には自閉症の子どもたちに対しても生かされ、「この世界で生きていく上で、あまりにも不快感を感じやすい子どもたち」という、三木さんならではの自閉症理解を導いたこと、講演などで伺う子どもたちの内面への深い洞察も、三木さんのこうした努力によってこそ生み出されたものであることを述べておきたいと思います。

◆ナウシカにはなれずとも同じ道はいける

ところで、三木さんが、先のような経験の後、「自分はその才能に恵まれなかった」という認識にとどまって、それ以上の努力をしなかったらどうだったでしょうか。天性の「分かる人」たちが形成する子どもとの関係は、いわば「自然に」できてしまうものですから、どうやってそういう関係をつくるのかとたずねても、おそらく本人にもうまく説明できないかもしれません。「才能に恵まれなかった」と自認する三木さんが、しかしさまざまな努力を重ねて、「その子の気持ちになる」ための具体的な方法を作り出し、洗練してきたからこそ、私たちはその努力のプロセスや、「その子の気持ちになる」ということばで表現される三木さんの子ども理解の方法論に学ぶことができるのです。

三木さんは、私などから見れば（そしておそらく多くの若い先生たちから見ても）、今や十分に「分かる人」の一人です。でも初めからそうではなかった。むしろ、自然に子どもたちとの関係に入り込むことのできる同僚の姿を前に、「自分には子どもの気持ちがわからない」と悩む教師だったのであり、しかしそこから出発した数々の努力を経て、子どもの内面に深い洞察を寄せる力を培っていったのです。

三木さんの著書（三木、２００８）の解説を書かせていただいた際、私は（「場違いかな」

とかなり迷いつつ）、宮崎駿さんの『風の谷のナウシカ』のなかのこんな台詞を記しました。

「だめだ　みんなとてもナウシカのようにはなれない」
「なんとか止めねばならん　ナウシカにはなれずとも同じ道はいける」
（宮崎、1995）

三木さんが研ぎ澄ましてきた「その子の気持ちになる」世界は、簡単には近づきがたい世界であるようにも感じられます。でも、それを「名人芸」などとして遠ざけてしまっては、三木さんの努力に学ぶことはできません。そうではなく、「三木さんにはなれない」けれど、「同じ道はいける」のではないかと考えて、自分なりの「同じ道」の行き方を粘り強く探ってみる。そのイメージを、かつて三木さんが「分かる人」と自分とのちがいを強く感じながらも、その人たちが子どもたちと創り出している関係になんとか迫ろうと努力してきた姿と重ねて考える時、「〇〇にはなれずとも同じ道は行ける」と考えてみることの大切さが伝わるのではないでしょうか。

品川文雄さんは、埼玉・麦の会での学びと自身の実践の関係について、「麦の会で『スーホの白い馬』の報告を聞くと、私もやりたいと思う。でも、子どもの実態からするとすぐにはできない。でもあきらめずに、学習できるために必要な力を育てつつ、できる機会をねらいます」と述べていました（麦の会・品川・越野、２００９）。ここにも「すぐにはできない」ような魅力的な実践と出会い、「でもあきらめずに…機会をねらう」教師の姿が示されています。

Ⅲ章で紹介した野津保さんも、自身の学生時代に出会った一つの実践記録（茂木節子、１９７６）が、長年にわたる教師生活を通して「自分の背中を押す」ものであったことに触れて、「そういう教育実践を心に宿しておくことの大切さ」を指摘しています（野津、２０１５）。

すぐれた実践とは、けっしてその人の独創性だけの産物なのではありません。すぐには手が届きそうにないけれども、しかしわが心をふるわせてやまないような教育実践と出会い、その実践の値打ちや、ほかならぬ自分自身の感動を「心に宿して」、自分なりの方法で、目の前の子どもたちとともにその実践に近づこうとする、そうした粘り強さこそが、すぐれた実践を生み出すのです

◆教師に自分の頭で考える自由を

こうした粘り強さを、一人ひとりの教師がわがものにしていく上で、どんなことが大切でしょうか。一つは、ここまで述べてきたように、すぐれた教育実践に出会うこと、その出会った教育実践の真実性をわが心に宿すことでしょう。野津さんと茂木節子さんの実践

記録との出会いが野津さんの学生時代にまで遡ることを考えれば、すぐれた教育実践との出会いは、時に教師の一生をも左右するような巨大な意味をもつことがわかります。

それに加えてもう一つ大切なことがあります。それは、みずからの「心に宿した」感動と、自分の目の前の状況とをていねいにつきあわせつつ、そこから「私の実践」を紡ぎ出していくために、時には長い時間をかけて、「自分の頭で考える」ことです。

どれほど多くの教訓を含んだ実践と出会っても、そのとりくみを単純にトレースするだけでは、ゆたかな実践はけっして生み出されません。なぜなら、一人ひとりの実践者が向き合っている「目の前の状況」、具体的には職場や地域のもつ諸条件や、さらには時代の状況が異なるからです。そしてなによりも子どもたちがちがいます。私たちの目の前にいるのは、一人ひとりが異なる生活を生き、日々、かけがえのない個性を育んでいる子どもたちです。自身が出会った「すぐれた実践」のエッセンスを、目の前の「この子たちのための」実践へと翻案し、具体的な「私の実践」に結実させていくためには、だから目の前の「この子たち」にそくして「自分の頭で考える」ことが欠かせないのです。

「自分の頭で」というのは、もちろん自分一人だけでということではありません。ゆたかな実践に出会った感動を職場やサークルの仲間と分け合い、そのエッセンスを目の前の子どもたちのために生かしていけるように知恵を寄せ合っていくことは「自分の頭で考える」ためにも不可欠な営みでしょう。そうしたとりくみと結びつつ、しかし最後は「自分の頭で考える」こと。その自由が一人ひとりの教師にしっかりと保障されてこそ、子どものつらさや悲しみを深く聴きとり、悲しみを乗り越える糧となるゆたかな文化を子どもたちに手渡していく教育実践の発展を展望することができます。「教師にあこがれと自由を」ということばには、そのような私の考えを込めたつもりです。

近年の学校現場では、ベテラン層の定年退職が進み、比較的経験の浅い先生の割合が増えていることなどを口実として、冒頭に述べた「誰にでもできる」を求める風潮がより強められています。〇〇スタンダードなどの名称で、日々の授業の進め方から子どもの机上のものの配置まで、学校教育のあれこれをこと細かく定めて、それを一律に求める風潮も、その延長に位置づくものと考えられるでしょう。しかし、こうした発想は、一人ひとりの教師が「自分の頭で考える」自由を奪うという点で、教育実践の発展を決定的に阻害します。

「教師にあこがれと自分の頭で考える自由を」。

このことの大切さをもう一度強調し、そのゆたかな実現のために、私自身も必要な役割を果たしていくことを期して、本章の結びとします。

V

なかまと出会う、なかまの中で生きる

—教育における集団の意味と集団指導の課題—

「はじめに」でも述べたように、前章までの内容は、2018年度の『みんなのねがい』の連載をもとにしたものです。私なりにあれこれ考えて、論述の柱を立て、1年間にわたって書いてきたものですが、連載を終えてあらためて見返すと、「集団」の問題に焦点をあてた章や節を欠いていることに気づきました。もちろん各章のうちに、教育における集団の意味にかかわるような内容は含まれているとも言えるのですが、連載を本にするにあたり、やはりこの問題を補っておくべきではないかという思いが強くなってきました。

この章の内容は、実は同じ『みんなのねがい』に2000年に執筆した「どの子にもなかまのなかで生きる力を」というタイトルの文章がベースになっています。2000年と言えば、まだ「特別支援教育」ということばもなかった時代ですが、この年から施行された盲・聾・養護学校学習指導要領によって、「個別の指導計画」という概念が障害児教育にはじめて導入された時期にあたり、「個別の実態把握とそれに基づく個別の指導」が強調されはじめたという意味で、今日に連なる動向の発端にあたる時期とも言えます。

20年近くも前の文章を転載するのにはためらいもあったのですが、今日の問題に通ずるところもあるかと思い、この文章を加えることにしました。なお、特別支援教育の発足や障害者権利条約の批准など、社会情勢の変化を踏まえて、今日の読者に理解しやすいように用語などを改めたほか、必要に応じて表現なども修正していますが、主要な論旨は変更しないことにしました。

◆障害のある子どもの学校教育と「集団」の位置

障害の種別や程度にかかわらず「すべての子ども」を学校教育に受けとめた養護学校義務制（１９７９年）以降、それまで「教育の対象でない」「学校教育にたえられない」とされて、教育を受ける権利を奪われてきた子どもたちが、学校教育の主人公としてあらたに立ち現れてきました。また、少し後になると、医療の進歩や在宅医療の進展などの動向もあいまって、かつてであれば、学齢までいのちを永らえること自体がむずかしかったような子どもたちが、自宅から地域の養護学校などに通うようにもなりました。

こうした子どもたちの学校教育においては、まずは介助や安全確保の面から、一対一もしくはそれ以上の手厚い人員配置が必要です。また、教育指導の基本的なスタイルも、子どものもつ障害や発達的力量に規定されて、教師と子どもの一対一の関係を基盤にしたものになることが少なくありません。そうした事実から、これらの子どもの場合には、一対一の個別指導こそ「その子にあった教育形態」であるように思われがちです。同様のことは、集団からの多様な刺激を受けとめることに抵抗が大きく、なかなか集団に入れなかったり、集団では落ち着かずパニックなどを起こしがちな自閉スペクトラム障害などの子どもたちの場合にも言えるかも知れません。

このように考えてくると、障害のある子ども、とりわけ、障害のきわめて重い子どもの教育においては、「個別化」こそが子どものニーズであって、「集団の教育的意義」などといった議論は、子どもの実態を見ない、古くさい観念論のようにも映ります。しかし、ほんとうにそうなのでしょうか。

私はこの章の副題に、「教育における集団の意味」という表現を用いました。学校教育の文脈で集団について考えようとするとき、ひとつには、「集団指導か個別指導か」といった指導形態の問題、つまり、教育上のある目的・目標を前提として、それを実現するための方法もしくは手段として、どのような指導形態が有効なのか、という問題の立て方があります。このように問題を立てた場合、その議論は、そうした方法が有効であるか否か、という議論になるでしょう。しかし、先に述べたような状況を踏まえて考えるならば、指導の方法ないし手段としての「指導形態」の議論に入る前に、もっと根本のところで、「教育において集団にはいかなる意味があるのか」と問うてみること、言い換えれば、集団ということが教育の目標自体にどう位置づくのかということを考えてみる必要があるように思うのです。

◆他者との関係のなかに「開かれた」力量の形成

この問題を考えてみる手がかりとして、教育学者・大田堯《たかし》さんの、学力に関する一文を紹介してみたいと思います。大田さんは「聞き上手の学力」ということを論じた文章のなかで、次のように述べています。

> 学力というのは、きっと、一度おぼえたらそれでよいというような丸暗記された方程式のようなものではなくて、他人を含む環境との緊張した一回一回の関係のなかで、常に新たにたしかめられ、再発見されつづけていかれるような、人間主体の内面に生きつづけ、ふとりつづける〝相互関係の体系〟なのではあるまいか。
>
> 「きき上手」の学力ということに限定してみても、それは少なくともわたくしたちの学力の発達にかかわる他の人びととの協同の問題でもある。実際人間の人間的知能や学力に関するかぎり、人間と人間との思想交換というものが、いつもわたくしたち自身の学力を支えつづけているというほどのものではないかと思う。支えるばかりでなく、それを発達させる源泉のようなものであろうと思われるのである。
>
> （大田、1969。傍点は原著者による）

大田さんのこの文章は、直接には障害のない子ども・青年の学力を念頭において、とりわけ、いわゆる「つめこみの学力」を批判し、「人間の人間らしいそもそもの学力」とはなにか、ということに迫ろうとして書かれたものです。そのことを承知した上で、私は、大田さんの言う「学力」を、障害のある子どもたちに学校教育のなかで身につけてほしい力量、という意味に置きかえて先の文章をとらえなおしてみたいのです。

障害の重い子どもの場合、大田さんが念頭においたような「学力」や、それを支える「思想交換」といったことなどは、ことばどおりの意味では当面する教育実践の課題としてイメージしにくい場合も少なくないでしょう。そのような子どもの場合、たとえば視線や表情、動作、あるいは身体の緊張や弛緩の状態などによって自らの身体や内面の状態を表出し、他者に伝える力量を形成していくことが教育実践上の目標となるかも知れません。しかし、そうした力量の形成を課題とする場合であっても、その力量を、特定の指導者との間の一対一の関係のなかに「閉じこめて」しまうのか、それとも、異なる関係、異なる他者との間で、その力量を「新たにたしかめ、再発見していく」機会を意識的につくりだし、当該の力量が、その子ども自身の「内面に生きつづけ、ふとりつづけ」ていくことをめざすのかによって、そこで形成される力量の質には、無視できないちがいが生じてくるのではないでしょうか。

こう考えると、先の太田さんの文章の射程は、単に「学力とはなにか」といった問題にとどまるのではなく、障害のある子ども・青年の生活のありようと、それを支える力量の形成にも関わる、きわめて重要な問題を提起するものであることがわかります。前章までにもたびたび登場いただいた三木裕和さんは、重症児の「自立」について検討するなかで、「限られた人にだけ安心して身を預け、第三者の介護には拒否反応を示す」という状態から、

「一定の安全性、関係性が確保されれば、安心して他者に身を預けられる」状態への変化＝「人間関係の発展」のうちに、重症児の「自立」のイメージを見出し、重症児自身が「自己の健康状態、環境適応能力、訴える力などに信頼をも」つ姿＝「自信 self reliance を深めること」を、教育の目標に具体化する方向を示唆しています（三木、２０００）。

ここにみられるのは、障害のある子どもたちが、学校教育を通して身につけていくさまざまな力量について、たとえそれが、当面は一対一の指導のなかでこそ形成されるものであったとしても、そこで形成された力量を、特定の人との関係のなかに「閉じた力量」としてしまうのではなく、異なる他者との間でも発揮していけるような、たしかさ・ゆたかさをもったものにしていくことの意義に着目し、そうしたことを教育の目標としてしっかりと位置づけていこうとする発想です。そして、学校教育の目標をそのようなものとしてとらえるならば、一人ひとりの子どもたちが、さまざまな力量を形成していく過程は、まさに大田さんの言うように、「他人を含む環境との一回一回の関係のなかで、常に新たにたしかめられ、再発見されつづけていかれるような」質をもったものであることが求められます。このような意味においてこそ、人間的諸能力の発達は「他の人びととの協同の問題」であり、「人間と人間との思想交換」によって、いつも、支えつづけられていることが必要になるのです。

このように考えてくると、問題の本質は、指導の形態が「集団か個別か」といったところだけにあるのではないことがわかります。指導形態の適否といった問題以上に大切なことは、学校教育を通して子どもたちのうちに形成されるさまざまな力量が、子どもたち自身の現在と将来の生活のなかで、特定の関係に閉じ込められたものとしてではなく、より広い他者との関係―社会―に開かれた力量となっていくことが展望されているか、教育がそのような方向性をもったものとして組織されているか、といった点にあるのです。

在宅訪問教育などにおいては、その形態自体に規定されて、一対一の関係が主たる指導形態になります。しかし、そうした場合にあっても、学校教育は、複数の指導者が役割などを交代しつつ指導にあたったり、スクーリングなどのかたちでほかの子どもや指導者との出会いを組織していくこと、子どもの健康の状態が許せば通学籍への移行を検討していくことなどを通して、子どもたちの現在もっている、あるいは形成しつつある諸力量を、社会に開かれたものとしていくことをめざしてきたとは言えないでしょうか。「どの子にも集団を」という主張は、単に指導形態の適否の問題なのではなく、子どもたちにどんな力をつけるかといった、教育目標論の文脈においてこそ吟味されるべき論点なのだと思います。

◆「集団での学びあい」ということ

もう少し障害の軽い子どもの場合、子ども集団における、子ども同士の学びあいということが言われます。「子どもたちの学習活動には本来集団が必要」「集団的活動を通してこそ学習活動は深まり、発展し、一人ひとりの学習課題も達成されていく」といった主張です。私もそうした主張自体に異論はないのですが、しかし、なぜ子どもたちの学習活動には集団が必要なのか、集団活動を通して学習活動が深まったり発展したりするというのは具体的にはどういうことなのか、ということについては、もう一歩踏み込んで考えてみる必要があるとも思います。

「学びあい」ということが本当の意味で成立するか否かは、学習過程であらわれる子どもたちの多様な「まちがい」や、不十分さをも含んださまざまな発言・反応を、一人ひとりの子どもたちに、どのように返していけるのか、ということにかかっていると私は思います。特別支援学級や特別支援学校で学ぶ子どもたちは、障害の程度や発達の状態に小さくない幅があることに加え、それまでの学習経験などにおいても多様であることが少なくありません。ですから、共通の学習課題にとりくむ際にも、最初の課題提示の段階で問題の構造がわかってしまう子や、以前に同様の内容を学習したことがある子どもがいる一方で、そうした課題にはじめて出会う子、最初の課題提示の段階では、課題の意味自体がつかみにくい子どもなどもいるというのが、むしろ普通の状態とも言えます。子どもの実態におけるそうした小さくない「幅」の存在は、「だから個別の課題を明確にした個別の指導を」という主張を導きがちです。

ですから、ただ「集団で学べばいい」「一緒にいればいい」というのでは、今ひとつ説得力がありません。そうした「実態に幅のある」子どもたちが、共通の学習課題にとりくむ授業のなかで、ある子どもの「まちがった」発言が、「わかっていたはず」の子どもの思考を揺さぶったり、ある子どもがほかの子どもに教えようとして発言することで理解が深まったりということが具体的に組織できたとき、そこに「集団での学びあい」が成立した、と言えるのだと思います。そして、このことは、教師や教科書の提示する「正しい答え」を、子どもたちができあいの「正しいもの」として直線的に受けとるような「学習」ではなく、そこでともに学ぶ仲間が、それぞれの考えを出し合いながら、正しい答えを自分たちの力で再発見していく過程として授業を組織するということです。

私の勤務する奈良教育大学には附属の小学校と中学校があり、そのそれぞれに特別支援学級が設置されています。私は20代後半でこの大学に赴任して以来、この二つの特別支援学級の教育実践に多くのことを学んできました。

この学校の先生たちは、ある子どもが、教師の発問に対して不十分さを含んだ発言をしたとしても、それを「まちがい」として切り捨てたり、大慌てで「正しい答え」を教えたりはしません。その代わりに、「今の○○ちゃんの考えをみんなはどう思う?」と、ほかの子どもたちに返していくのが通例です。授業の場面では、わかっていなさそうな子どもをあえて先に指名するなど、「まちがい」を含んだ発言を意図的に引き出した上で、既にわかっている子どもも含んだ子どもたちの集団に返していくことも少なくありません。
そうした授業を何度も見せていただくなかで、子どもたち一人ひとりの発言を見れば、それぞれ「まちがい」や不十分さを含んでいるけれども、それらは相互にかみ合って一連の発展的な文脈を形成しており、授業の展開に沿って子どもたちのことばを拾っていくと、子どもたちの集団的な思考の深まりがはっきり見てとれる、というような場面に何度も出会いました。私は、「すぐれた授業」というものがあるとすれば、それは「子どもたちの思考の過程が、子どもたち自身の発言や活動を通して、教室のなかでつまびらかにされるような授業」のことをいうのではないかと考えていますが、このような授業観は、奈良教育大学附属小学校・中学校特別支援学級の授業に学ぶなかで形づくられたものだと思っています。

このように組織された授業は、子どもたち一人ひとりの思考にゆたかな深まりをもたらすのと同時に、子どもたち相互の関係をも変革していきます。附属小学校・中学校の特別支援学級にも、ほかの学校や学級と同様に、多様な実態をもつ子どもたちが在籍しています。ある子どもにとっては簡単にできてしまう課題が、別の子どもにとってはなかなか越えられない壁になっていることもあります。

しかし、わかっている子どもからは、「ピント外れ」のように見える答えであっても、当該の子どもにすれば、それまでに学んだことを駆使して、一所懸命考えた結果の表現なのです。そうした発言を否定したり聞き流すのではなく、先生の援助も受けながら「その子はなぜそう考えたのか」と、思考の過程をみんなでたどっていくことで、その子がふざけていたり、「ピントがずれている」のではなくて、一所懸命考えて、部分的な真理も含んだ自分なりの答えを探っていたのだ、ということがわかってきます。そうしたことを前提に、さらにみんなで考えあっていくことを通して、はじめはわからなかった子どもも、自分の力で正しい理解に到達することができるし、自分では「わかっていた」と思っていた子どもも、さらにははっきりと課題の構造がつかめたり、実はあいまいだった部分がはっきりしていくのです。そして、こうした学習を積み上げていくなかで、子どもたちは、一所懸命に考え学ぶ仲間の姿に共感しあい、それぞれの現在の力量に差はあっても、努力の価値にちがいはないことを実感としてつかんでいっているように思うのです。

このような学習の過程は、教師と子どもの一対一の関係のなかでは、おそらく決して成立しないものだと思いますが、同時に、子どもたちがいっしょにいれば、ただそれだけで、いわば自動的に成立するわけではないことにも注意が必要です。こういった学習の過程が成立するためには、子どもたちの実態に合った学習の題材を選択し、それぞれの子どもの反応などをも予測しつつ、座席の配置や指名の順番なども含む授業の展開を構想する教師の「仕掛け」＝授業づくりが不可欠です。実際の授業場面において、子どもたちの発言や反応の意味をつかみ、それを正しく子どもたちに返していくためには、教師は、関連する内容の学習状況や学習課題に対する意識、あるいはほかの子どもたちとの関係など、一人ひとりの子どもの実態を適切につかんでいなければなりません。

これらのことに加えて、集団の規模や質についての吟味も必要です。どのような子どもたちの集団であっても集団学習が無条件に成立するということではなく、「課題を共有しうる集団の幅」というものが存在するように思われるからです。

この「幅」は、学習する課題の内容や子どもたちと教師自身の力量などによって一定ではありません。だからこそ、ある学習課題を授業化する場合に、どういった規模と質をもった集団であれば、子どもたちの「学びあい」が組織できるのかを具体的に吟味し、「集団での学びあい」を単なる理念としてではなく、子どもたちの学びの事実として組織していくこと、その成果を、今度は教師集団や保護者の集団のなかに具体的に提起し、子どもたちの発達を保障していくために必要な集団の保障についての合意を広げていくことが大切です。Ⅲ章で紹介したように、障害者権利条約は、権利としての教育＝インクルーシブ教育の目的として、三つのことを掲げていました。これらの目的を、相互に矛盾なく統一して実現していく上でも、本章で述べてきたようなことについての、いっそう自覚的な吟味が求められているように思います。

おわりに

本書では、障害のある子どもたちを学校教育に受けとめ、その人間的な発達の実現をめざす教育実践について、またその実践を担う「教師のしごと」についての私の考えを述べてきました。教育制度の問題を専門領域とする私が、なぜこのような文章を書き連ねてきたのか、その理由の一端は「はじめに」に記しました。そこでは、私が長年にわたって多くの先生方の教育実践の事実に触れ、語り合い、そこからたくさんのことを学んできたことを述べたのですが、ではなぜ私は、そのようなことをしてきたのでしょうか。もちろん、全障研の研究運動への参加そのものが大きなきっかけにはちがいないのですが、それとならぶ一つの出来事がありました。以下は、連載を終えてホッとするまもなく、『みんなのねがい』２０１９年4月号に書いた文章の一部です。

＊＊＊＊＊

私が大学院生の頃、就学問題を考える板橋連絡会という小さな会がありました。教職員組合の先生方、保育園の労働組合に集う保育士の方々の呼びかけで、公立および私立の保育園の先生方、小・中学校、特別支援学校の先生方、乳幼児健診に携わる保健師さんたちなど、障害のある子どもに関わるさまざまな職種の人たちと、地域の障害児の親の会に集う保護者の方々が集まってこられました。

会が発足して間もない頃、ある若いお母さんが、「私自身も学校の勉強はよくわからなかったし、楽しかった思い出はむしろ友だちとの関係や部活のことです。どうして、障害のある子どもだけ、勉強についていけないからという理由で地域の学校に入れてもらえないのですか。わが子はたとえ勉強がわからなくても、地域の学校、通常学級にいかせたいのです」と発言されました。「子どもにあった学校を選んでほしい」と思って参加していた私は、どう応えたものかと考え込んでしまったのですが、集まっておられた保育士さんや先生たちは、「そうですよね。そういうこともこれから一緒に考えていきましょう」と、そのお母さんの発言を受けとめられました。

二ヵ月に一回ほどの集まりだったと思います。小学校や養護学校での教育の実際や、就学先を決めるための手続きなどについて、毎回少しずつ学びあいました。はじめのうちは緊張感もありましたが、参加された保護者には毎回必ず発言していただき、少しずつ打ち解けてきたある日、先のお母さんが、こんな発言をされました。

「障害のない子どもでも、たとえば目が悪ければ前の方の席にするなど、いろんな配慮がされますよね。そんなふうに、わが子にあった指導や支援を通常学級なかでしてもらえるなら、それはぜひしてもらいたい。少しでも授業に参加したり勉強がわかるように助けてほしいとは思います。でも、そう言うと『それができるのは障害児学級や養護学校ですよ』と言われそうで、私は『勉強はわからなくてもいいです』と言わざるを得ないんです」。

それまで、「勉強はわからなくてもいい」という考え方をまず変えてもらわないと…と思っていた私は、自分の認識の浅薄さに気づきました。わが子にあった教育を、障害のない子どもたちと切り離されないかたちで実現してほしい、というのが、このお母さんの本当のねがいだったのです。けれども、それは到底実現しそうもない。そんな見通しのなかで、仕方なく「勉強はわからなくても…」と言わされてきたのではないか。そして、表明されたことばの背後にある本当のねがいは、何回も顔を合わせて互いの思いを交流し、安心できる関係を築いてくるなかで、やっと話してもらえたのではないか…。

「ニーズ」ということばが流行りだした頃でした。「保護者のニーズは多様」などとも言われましたが、学校教育へのお母さんたちのねがいは、本当は「多様」、つまり、バラバラで一人ひとりちがうといったものなのではなくて、「多彩で多面的」（表明される「多様な」ニーズの一つ一つが、本当はどれも大切）ととらえるべきではないか、そんなことに気づいていく糸口をいただいた忘れがたい出来事です。（『みんなのねがい』2019年4月号）

＊＊＊＊＊

学生時代のこの経験は、私のうちに、少なくとも二つの大きな影響を残しました。一つは、文中にも記した「表明されたことばの背後にある本当のねがい」についての認識、そしてもう一つは、そうした「本当のねがい」を表明できるような場を生み出すために、職種のちがいを越えて手をつなぎ、力を合わせてこられた〈教職員組合の先生方、保育園の労働組合に集う保育士の方々〉への、ある意味で直観的ともいってよい信頼です。こうした経験などが契機となって、私は〈現場の教育実践とそれを担う教師のしごと〉に学ぶということを、自らの基本的なスタイルにしてきたのだと思います。そして、その〈直観的な信頼〉は、ほとんどの場合裏切られることなく今日に至っています。先の文章につづけて、私は次のように書きました。

＊＊＊＊＊

一人で困難に立ち向かおうとする時、困難な現実のある一面だけに目を奪われて、本当のねがいを見失ったり、それを表明する勇気を奪われたりしがちです。けれども、本当のねがいは内奥に隠したままで、表明された「ニーズ」の実現をはかるだけでは、障害のある人とその家族の権利を守り、発達を保障していく道筋を見通すことはできません。

本当のねがいを見失わされるのは、障害のある当事者や家族ばかりではありません。障害のある人たちの役に立ちたい、障害のある人たちの人間らしく豊かな生活の実現に自分の人生を重ねたいと願って、障害児教育や障害児者福祉などの仕事を志した人たちも、困難な現実の前に、「今の現実ではこうしかならない」「そういう現実をわかっていない保護者、利用者には困ったものだ」などと思わされかねません。「ひとりぼっち」は、このようにして一人ひとりの本当のねがいを奪い、手をつながなければならない人同士のあいだに対立を持ち込みます。これを許すと、現実の社会のうちにあって解決が図られるべき問題が、仲間同士の問題に置き換えられてしまって、手をつないで問題の解決に挑んでいく力まで奪われることになってしまいます。だからこそ私たちは、立場や職種、年齢や経験のちがいなどを超えて、つどい、語り合うこと、ひとりぼっちをなくすことをなによりも大切にしたいと思います。

＊＊＊＊＊

本書もまた、たくさんの人たちの力を借りて、なんとかかたちにすることができたものです。各章でその実践の一端を紹介させていただいた先生方はもちろんですが、とりあげることのかなわなかった多くの方々の実践に触れ、学ばせていただいたことも本書の大切な礎となっています。それとならんで、それぞれの職場で大切な任務を担いつつ、毎月の『みんなのねがい』を作り、届けてくださっている『みんなのねがい』編集部の方々、毎月届けられる同誌を実に丹念に読み、時にやさしく、時にきびしいコメントを寄せてくださる編集委員の方々、そして、そうした人たちのしごとをつなぎ、全障研という手弁当の研究会の活動を日夜支えてくださっている全障研出版部職員の方々。これらの方々の力なくしては本書が世に出ることはありませんでした。

本書のもとになった連載の際には、全障研出版部の黒川真友さん、社浦宗隆さんにとりわけお世話になりました。また、本書の準備過程では同じく社浦さんにひとかたならぬご援助をいただきました。記して深甚の感謝を申しあげるとともに、「立場や職種、年齢や経験のちがいなどを超えて、つどい、語り合う」研究運動、「ひとりぼっちをなくす」活動のなかにあって、自らの役割を果たすことで、より実質的なお礼をしたいと期しています。

越野和之

〈引用文献〉

序

平野和弘（2008）『オレたちの学校浦商定時制―居場所から「学び」の場へ―』草土文化

Ⅰ

三木裕和（2005）「障害児の辛さや悲しさを知り生きる希望を示す」『みんなのねがい』全障研出版部、2005年4月号
竹沢　清（1992）『子どもの真実に出会うとき』全障研出版部
田中昌人（1972a）『発達保障への道』第3分冊、全障研出版部
田中昌人（1972b）『発達保障への道』第2分冊、全障研出版部
南　有紀（2018）「関係者の支え合いの中で育つAくん」『障害者問題研究』第45巻4号、全障研出版部
原田文孝（2008）「重症児の課題のとらえ方と授業づくり」『障害者問題研究』第36巻3号、

全障研出版部
齋藤純一（２０００）『公共性』岩波書店

Ⅱ
麦の会編（２００９）『学び合い・育ち合う子どもたち』全障研出版部
麦の会編（２００４）『伸びよ麦─田村勝治先生巻頭言集─』
田村勝治（１９７１）「子どもの力を伸ばす─教師のしごと─」吉本哲夫・坂爪セキ・横田滋編『かぎりない発達をもとめて』鳩の森書房
遠山 啓編（１９７２）『歩きはじめの算数』国土社
茂木俊彦（１９９０）『障害児と教育』岩波新書
今井理知子（２００６）「豊かな外界とかかわる楽しさいっぱいの保育をめざして─障害のある子どもたちにも幼児期にふさわしい生活を」越野和之・青木道忠編、今井理知子・大前俊夫・藤田幹彦著『特別支援学校と障害児教育の専門性』クリエイツかもがわ

Ⅲ
荒川 智（１９９５）「障害児教育の概念と対象」茂木俊彦・清水貞夫編著『障害児教育改革の展望』全障研出版部

野津　保（2015）「自己認識を深めることを主体性の育ちに――『ぼくの電動車いす』の実践から」『障害者問題研究』第42巻4号、全障研出版部
田中昌人編（1975）『児童問題講座7　障害児問題』ミネルヴァ書房
池田江美子（2002）「学び合う学級集団を育てる」藤森善正・青木道忠・池田江美子・越野和之編『交流・共同教育と障害理解学習』全障研出版部

Ⅳ

茂木俊彦（1984）『教育実践に共感と科学を』全障研出版部
大島悦子（2007）「〝わたしってへん？〟私は自閉症」青木道忠・越野和之・大阪教育文化センター編『発達障害と向きあう』クリエイツかもがわ
越野和之（2007）「発達障害のある子どものねがいに迫る教育実践」青木・越野他編、前掲書
川野理夫（1973）「教師になる息子へ」川野『教師その仕事を追い求めて』エミール書房
三木裕和・原田文孝・河南勝・白石正久（1997）『重症児の心に迫る授業づくり』かもがわ出版、（2000年）所収
三木裕和（2008）『人間を大切にするしごと』全障研出版部
宮崎　駿（1995）『風の谷のナウシカ』第七巻、徳間書店
麦の会（2009）＊Ⅱに既出

茂木節子（1976）「“We can stand”の実践」（後に茂木節子「誇りある高校生活を自分たちの手で」として、茂木俊彦編（1983）『生活の力を育てる—障害児教育の実践3』あゆみ出版に収録）
野津　保（2015）＊Ⅲに既出

Ⅴ

大田　堯（1996）『学力とはなにか』国土社
三木裕和（2000）「重症心身障害児の青年期教育と『自立』の課題」兵庫教育大学修士論文

越野和之（こしの　かずゆき）

1964年生まれ。奈良教育大学教授。専門は障害児教育学。著書に『発達保障論の到達と論点』（共編著、全障研出版部）、『障害のある子どもの教育目標・教育評価―重症児を中心に―』（共編著、クリエイツかもがわ）など。全国障害者問題研究会委員長。

本書をお買い上げいただいた方で、視覚障害等により活字を読むことが困難な方のために、テキストデータを準備しています。ご希望の方は、全国障害者問題研究会出版部まで、お問い合わせください。

子どもに文化を　教師にあこがれと自由を

2019年8月1日　初版第１刷

著　者　越野和之
発行所　全国障害者問題研究会出版部
〒169-0051
東京都新宿区西早稲田2-15-10 西早稲田関口ビル４Ｆ
Tel.03-5285-2601　Fax.03-5285-2603
http://www.nginet.or.jp
印刷所　冴企画

　ISBN978-4-88134-795-9